A FORMAÇÃO
SOCIAL DA MENTE

L. S. Vigotski

A FORMAÇÃO SOCIAL DA MENTE
O desenvolvimento dos processos psicológicos superiores

Organizadores
MICHAEL COLE
VERA JOHN-STEINER
SYLVIA SCRIBNER
ELLEN SOUBERMAN

Tradução
JOSÉ CIPOLLA NETO
LUÍS SILVEIRA MENNA BARRETO
SOLANGE CASTRO AFECHE
DO GRUPO DE DESENVOLVIMENTO E RITMOS BIOLÓGICOS –
DEPARTAMENTO DE CIÊNCIAS BIOMÉDICAS – USP

martins fontes
selo martins

Título original: MIND IN SOCIETY – THE DEVELOPMENT
OF HIGHER PSYCHOLOGICAL PROCESSES.
Copyright © The President and Fellows of Harvard College.
Copyright © 1984, Livraria Martins Fontes Editora Ltda.,
São Paulo, para a presente edição.

Grafia atualizada segundo o Acordo Ortográfico da Língua Portuguesa de 1990,
que entrou em vigor no Brasil em 2009.

Publisher	Evandro Mendonça Martins Fontes
Coordenação editorial	Vanessa Faleck
Produção editorial	Valéria Sorilha
	Cintia de Paula
Revisão da tradução	Monica Stahel
Revisão	Solange Martins
	Luzia Aparecida dos Santos
	Dinarte Zorzanelli da Silva
	Alessandra Maria Rodrigues da Silva
Produção gráfica	Carlos Alexandre Miranda
Paginação	Studio 3 Desenvolvimento Editorial

Dados Internacionais de Catalogação na Publicação (CIP)
(Câmara Brasileira do Livro, SP, Brasil)

Vigotsky, Lev Semenovich, 1896-1934.
    A formação social da mente : o desenvolvimento dos processos psicológicos superiores / L. S. Vigotski ; organizadores Michael Cole... [et al.] ; tradução José Cipolla Neto, Luís Silveira Menna Barreto, Solange Castro Afeche. – 7ª ed. – São Paulo : Martins Fontes, 2007. – (Psicologia e pedagogia)

    Título original: Mind in society : the development of higher psychological processes.
    Outros organizadores: Vera John-Steiner, Sylvia Scribner, Ellen Souberman
    Bibliografia.
    ISBN 978-85-336-2264-7

    1. Cognição 2. Cognição em crianças I. Cole, Michael. II. John-Steiner, Vera. III. Scribner, Sylvia. IV. Souberman, Ellen. V. Título. VI. Série.

06-3597   CDD-155.413

Índices para catálogo sistemático:
1. Cognição : Desenvolvimento : Psicologia infantil 155.413

Todos os direitos desta edição reservados à
Martins Editora Livraria Ltda.
Av. Dr. Arnaldo, 2076
01255-000 São Paulo SP
Tel.: (11) 3116 0000
info@emartinsfontes.com.br
www.emartinsfontes.com.br

Sumário

Prefácio dos organizadores da obra XIII
Introdução (Michael Cole e Sylvia Scribner)   XVII
Nota biográfica sobre L. S. Vigotski   XXXVII

PRIMEIRA PARTE
Teoria básica e dados experimentais

1. O instrumento e o símbolo no desenvolvimento da criança   *3*
2. O desenvolvimento da percepção e da atenção   *21*
3. O domínio sobre a memória e o pensamento   *31*
4. Internalização das funções psicológicas superiores   *51*
5. Problemas de método   *59*

SEGUNDA PARTE
Implicações educacionais

6. Interação entre aprendizado e desenvolvimento   *87*
7. O papel do brinquedo no desenvolvimento   *107*
8. A pré-história da linguagem escrita   *125*

Posfácio (Vera John-Steiner e Ellen Souberman)   *149*
As obras de Vigotski   *169*

A aranha realiza operações que lembram o tecelão, e as caixas suspensas que as abelhas constroem envergonham o trabalho de muitos arquitetos. Mas até mesmo o pior dos arquitetos difere, de início, da mais hábil das abelhas, pelo fato de que, antes de fazer uma caixa de madeira, ele já a construiu mentalmente. No final do processo do trabalho, ele obtém um resultado que já existia em sua mente antes de ele começar a construção. O arquiteto não só modifica a forma que lhe foi dada pela natureza, dentro das restrições impostas por ela, como também realiza um plano que lhe é próprio, definindo os meios e o caráter da atividade aos quais ele deve subordinar sua vontade.

KARL MARX, *O capital*

É precisamente *a alteração da natureza pelos homens*, e não a natureza enquanto tal, que constitui a base mais essencial e imediata do pensamento humano.

FRIEDRICH ENGELS, *Dialética da natureza*

Fragmento da nota de Vigotski sugerindo, pela primeira vez, a mediação como a base dos processos psicológicos superiores ("*N.B.* A essência do método instrumental reside no uso funcionalmente diferente de dois estímulos, que determinam diferencialmente o comportamento; disso resulta o domínio do indivíduo sobre as suas próprias operações psicológicas. Sempre admitindo dois estímulos, precisamos responder às seguintes questões: 1. Como o indivíduo se lembra do estímulo $S1$ com a ajuda do estímulo $S2$ (onde $S1$ é o objeto e $S2$ o instrumento). 2. Como a atenção se dirige para $S1$ com a ajuda de $S2$. 3. Como uma palavra associada a $S1$ é rememorada via $S2$, e assim por diante.")

À memória de
Alexander Romanovitch Luria

Prefácio dos organizadores da obra

Lev Semyonovitch Vigotski ganhou destaque na psicologia americana a partir da publicação, em 1962, da sua monografia *Pensamento e linguagem*. Há cinco anos, por subgestão de Alexander Luria, concordamos em editar uma coletânea de ensaios de Vigotski que representasse toda a sua produção teórica geral, na qual a relação entre pensamento e *linguagem* era um dos aspectos mais importantes. Luria, então, colocou à nossa disposição a tradução preliminar de duas obras de Vigotski. A primeira, *O instrumento e o símbolo no desenvolvimento das crianças* (1930), nunca tinha sido publicada. A segunda, a tradução de uma monografia intitulada *A história do desenvolvimento das funções psicológicas superiores*, havia sido publicada no segundo volume dos escritos de Vigotski, no ano de 1960, em Moscou. Um breve estudo desses ensaios mais que depressa nos convenceu de que o escopo do trabalho de Vigotski estendia-se muito além do expresso em *Pensamento e linguagem*. Além disso, tornou-se evidente que a imagem que muitos dos nossos colegas faziam de Vigotski, como sendo um neobehaviorista do desenvolvimento cognitivo, poderia ser, de forma conclusiva, desfeita por esses dois ensaios. Os quatro primeiros capítulos deste volume foram elaborados a partir de *Instrumentos e símbolo*. O quinto capítulo resume os principais pontos teóricos e metodológicos contidos em *Instrumento e símbolo*, aplicando-os à reação de escolha, problema classicamente estudado em psicologia cognitiva. Esse capítulo foi extraído da seção 3 de *A história do desenvolvimento das funções psicológicas superiores*. Os capítulos 6 e 8 (aprendizado e desenvolvimento e os precursores da escrita ao longo do desenvolvimento) foram extraídos de uma coletânea de ensaios publicados postumamente intitulada *O desenvolvimento mental das crianças e o processo de aprendizado* (1935). O capítulo 7, que trata do brinquedo, teve como base uma palestra proferida no Instituto Pedagógico de Leningrado, em 1933, e publicada em *Voprosi Psikhologii* (Problemas de Psicologia) em 1966. As referências completas estão na listagem dos trabalhos de Vigotski, nas últimas páginas deste volume.

Em muitos lugares deste livro inserimos materiais provindos de fontes adicionais, na tentativa de tornar mais claro o significado do texto. Na maioria dos casos, utilizamos outras partes de *A história do desenvolvimento das funções psicológicas superiores* não incluídas neste volume; outros textos provieram de ensaios contidos no volume de 1956 ou 1960 de coletâneas de seus trabalhos. Em alguns casos, foram utilizados trechos de trabalhos de colaboradores de Vigotski, em que estão explicitados exemplos concretos dos procedimentos experimentais ou resultados que no texto original de Vigotski são descritos de forma extremamente breve. As referências dessas fontes auxiliares estão citadas nas notas.

O trabalho de reunir obras originalmente separadas foi feito com bastante liberdade. O leitor não deve esperar encontrar uma tradução literal de Vigotski, mas, sim, uma tradução editada da qual omitimos as matérias aparentemente redundantes e à qual acrescentamos materiais que nos pareceram importantes no sentido de tornar mais claras as ideias de Vigotski. Como outros editores já notaram, o estilo de Vigotski é extremamente difícil. Ele teve uma produção escrita abundante, e muitos de seus manuscritos nunca foram adequadamente editados. Além disso, durante os frequentes períodos de doença, ele ditava seus trabalhos – uma prática que resultou num texto repetitivo, elíptico e denso. Certos espaços em branco nos manuscritos originais os tornam, hoje em dia, ainda menos acessíveis do que devem ter sido no tempo em que foram escritos. Devido ao fato de as referências serem raramente citadas nos originais, tentamos, da melhor maneira possível, encontrar as fontes exatas referidas por Vigotski. O processo de procurar as fontes originalmente citadas revelou-se uma tarefa altamente recompensadora, uma vez que muitos de seus contemporâneos se mostraram surpreendentemente modernos em vários aspectos importantes. Temos, ainda, perfeita noção de que ao mexer nos originais poderíamos estar distorcendo a história; entretanto, acreditamos também que, deixando claro nosso procedimento e atendo-nos o máximo possível aos princípios e conteúdos dos trabalhos, não distorcemos os conceitos originalmente expressos por Vigotski.

Temos uma dívida toda especial para com o falecido Alexander R. Luria, não só por nos ter fornecido uma tradução inicial de grande parte do material incluído nos capítulos de 1 a 5, como, também, pelo seu incansável trabalho de pesquisa das referências bibliográficas citadas por Vigotski e detalhamento de seus experimentos, além da leitura de nosso manuscrito.

Os capítulos 6 e 7 foram traduzidos por Martin Lopez-Morillas. O capítulo 5 e partes dos capítulos de 1 a 5 foram traduzidos por Michael Cole. Queremos agradecer a James Wertsch sua assistência na tradução e interpretação de passagens especialmente difíceis.

A edição desses escritos de Vigotski ocupou-nos por muitos anos. O fato de os editores terem trabalhado em locais distintos e sido educados em tradições intelectuais diferentes fez com que cada uma das equipes encontrasse diferentes materiais de interesse especial. Como não há apenas uma mas várias questões a serem esclarecidas por um corpo de pensamento tão complexo, escrevemos dois ensaios que refletem vários aspectos do "ler Vigotski".

VERA JOHN-STEINER	MICHAEL COLE
ELLEN SOUBERMAN	SYLVIA SCRIBNER
University of New Mexico	The Rockefeller University

Introdução
Michael Cole e Sylvia Scribner

Quando Lev S. Vigotski, advogado e filólogo, iniciou sua carreira como psicólogo após a Revolução Russa de 1917, já havia contribuído com vários ensaios para a crítica literária. Na época em que predominavam Wilhelm Wundt, o fundador da psicologia experimental, e William James, representantes do pragmatismo americano, ele era estudante. Na ciência, foram seus contemporâneos, entre outros, Ivan Pavlov, Wladimir Bekhterev e John B. Watson, todos adeptos das teorias comportamentais privilegiadoras da associação estímulo-resposta, além de Wertheimer, Kohler, Koffka e Lewin, fundadores do movimento da Gestalt na psicologia. O leitor poderia esperar, então, que o trabalho de Vigotski tivesse principalmente interesse histórico – talvez enquanto uma breve visão de como os fundadores da psicologia moderna influenciaram a psicologia soviética na Rússia pós-revolucionária. Certamente esses ensaios têm interesse na perspectiva da história intelectual, mas, de forma alguma, constituem relíquias históricas. Pelo contrário, nós os oferecemos como uma contribuição às controvérsias e discussões da psicologia contemporânea.

Com o objetivo de entender como as ideias deste livro puderam manter sua relevância através das distâncias de tempo e de cultura que nos separam de Vigotski, tivemos de, repetidamente, refletir sobre as condições da psicologia europeia que forneceram o cenário inicial para as teorias de Vigotski. Foi-nos de grande valia examinar as condições da sociedade e da psicologia na Rússia pós-revolucionária, uma vez que eram fonte dos problemas imediatos com os quais Vigotski se defrontava, bem como fonte de inspiração, na medida em que ele e seus colegas procuravam desenvolver uma teoria marxista do funcionamento intelectual humano.

No início do século XIX

Até a segunda metade do século XIX, o estudo da natureza humana era um atributo da filosofia. Os seguidores de John Locke, na Inglaterra, desenvolveram sua concepção empiricista da mente, que enfatizava a origem das ideias a partir de sensações produzidas por estimulação ambiental. O maior problema da análise psicológica, para esses empiricistas ingleses, era descrever as leis de associação pelas quais sensações simples se combinam para produzir ideias complexas. No continente europeu, os seguidores de Immanuel Kant afirmavam que ideias de espaço e tempo e conceitos de quantidade, qualidade e relação se originavam na mente humana e não poderiam ser decompostas em elementos mais simples. Ambos os grupos se mantinham irredutíveis em suas posições. Ambas as tradições filosóficas desenvolviam-se tendo como pressuposto, originado a partir dos trabalhos de René Descartes, que o estudo científico do homem deveria restringir-se ao seu corpo físico. À filosofia estava designado o estudo de sua alma.

Apesar de o conflito entre essas duas abordagens se estender até os dias de hoje, os termos dessa discussão, por volta de 1860, foram mudados irrevogavelmente pela publicação quase que simultânea de três livros. Deles, o mais famoso foi *A origem das espécies*, de Darwin, que argumentava a favor da continuidade essencial entre o homem e outros animais. Uma consequência imediata dessa afirmação foi o esforço de muitos intelectuais para estabelecer descontinuidades que separassem seres humanos adultos de seus parentes inferiores (tanto ontogenética quanto filogeneticamente). O segundo livro, *Die Psychophysik*, de Gustav Fechner, apresentava uma descrição detalhada e matematicamente elaborada de relação entre as variações de eventos físicos determináveis e as respostas "psíquicas" expressas verbalmente. O que Fechner propunha era, nem mais nem menos, a descrição quantitativa do conteúdo da mente humana. O terceiro livro, um volume pequeno, intitulado *Reflexos do cérebro*, foi escrito por um médico de Moscou chamado I. M. Sechenov. Sechenov, que havia estudado com alguns dos mais eminentes fisiologistas europeus, contribuiu para a compreensão dos reflexos sensório-motores simples usando a técnica da preparação neuromuscular isolada. Sechenov estava convencido de que os processos por ele observados em tecidos isolados de rã eram, em princípio, os mesmos que ocorrem no sistema nervoso central dos organismos intactos, inclusive nos seres humanos. Se as respostas musculares, em sua preparação, podiam ser explicadas por processos de inibição e excitação, por que as mesmas leis não poderiam ser aplicadas às operações do córtex cerebral humano? Mesmo na ausência de evidências diretas para essas especulações, as ideias de Sechenov sugeriram as bases fisiológicas para a ligação entre o estudo científico natural de animais e os estudos filosóficos humanos anteriores. O censor do Czar parece ter compreendido as implicações materialistas e revolucionárias das teses de Sechenov, proibindo a sua publicação pelo tempo que pôde. Quando finalmente o livro foi publicado, continha uma dedicatória a Charles Darwin.

Esses três livros, de Darwin, Fechner e Sechenov, podem ser vistos como constituintes essenciais do pensamento psicológico do final do século XIX. Darwin uniu animais e seres humanos num sistema conceitual único regulado por leis naturais; Fechner forneceu um exemplo do que seria uma lei natural que descrevesse as relações entre eventos físicos e o funcionamento da mente humana; Sechenov, extrapolando observações feitas em preparações neuromusculares isoladas de rãs, propôs uma teoria fisiológica do funcionamento de tais processos mentais em seres humanos normais. Nenhum desses autores se considerava (e tampouco era considerado pelos seus contemporâneos) psicólogo. No entanto, eles forneceram as questões centrais que preocupariam a psicologia, uma ciência jovem, na segunda metade do século: quais são as relações entre o comportamento humano e o animal? Entre eventos ambientais e eventos mentais? Entre processos fisiológicos e psicológicos? Várias escolas de psicologia atacaram uma ou outra dessas questões, contribuindo com respostas parciais dentro de perspectivas teóricas limitadas.

De tais escolas, a primeira foi fundada por Wilhelm Wundt, em 1890. Wundt assumiu como tarefa a descrição do conteúdo da consciência humana e sua relação com a estimulação externa. Seu método consistia em analisar os vários estados de consciência em seus elementos constituintes, definidos por ele mesmo como sensações simples. *A priori*, ele excluiu, como elementos de consciência, sensações tais como "sentimento de estar ciente" ou "percepção de relações", considerando esses fenômenos como "nada mais do que" subprodutos de métodos falhos de observação (introspecção). De fato, Wundt propôs, explicitamente, que as funções mentais complexas ou, como eram então conhecidas, os "processos psicológicos superiores" (a lembrança voluntária e o raciocínio dedutivo, por exemplo) não poderiam, *em princípio*, ser estudadas pelos psicólogos experimentais. Na sua opinião, só poderiam ser pesquisadas através de estudos históricos dos produtos culturais, tais como as lendas, costumes e linguagem.

Por volta do começo da Primeira Guerra Mundial, os estudos introspectivos dos processos conscientes humanos sofreram ataques vindos de duas direções. Tanto nos Estados Unidos quanto na Rússia, psicólogos descontentes com as controvérsias em torno das descrições introspectivas *corretas* das sensações, e com a consequente esterilidade da pesquisa resultante, renunciaram ao estudo da consciência em prol do estudo do comportamento. Explorando o potencial sugerido pelo estudo de Pavlov dos reflexos condicionados (desenvolvido a partir de Sechenov) e pelas teorias de Darwin sobre a continuidade evolutiva entre os animais e o homem, essas correntes psicológicas abriram muitas áreas para o estudo científico do comportamento animal e humano. Com relação a um aspecto importante, entretanto, concordavam com os seus antagonistas introspectivos: sua estratégia básica consistia em identificar as unidades da atividade humana (substituindo as sensações pela unidade estímulo-resposta) e então especificar as regras pelas quais esses elementos se combinam para produzir fenômenos mais complexos. Essa estratégia concentrou-se, consequentemente, naqueles processos psicológicos compartilhados tanto por animais quanto por seres humanos, relegando os processos psicológicos superiores – pensamento, linguagem e comportamento volitivo. A segunda linha de ataque sobre a descrição do conteúdo da consciência veio de um grupo de psicólogos que se contrapunham a um ponto, em relação ao qual tanto Wundt quanto os behavioristas concordavam: a validade de analisar os processos psicológicos em seus constituintes básicos. Esse movimento, que veio a ser conhecido como a psicologia da Gestalt, demonstrou que muitos fenômenos intelectuais (os estudos de Kohler com macacos antropoides constituem um exemplo) e fenômenos perceptuais (por exemplo, os estudos de Wertheimer sobre o movimento aparente de luzes intermitentes) não poderiam ser explicados pela postulação de elementos básicos da consciência nem pelas teorias comportamentais baseadas na unidade estímulo-resposta. Os gestaltistas rejeitavam, em princípio, a possibilidade de, através de processos psicológicos simples, explicar os processos mais complexos.

Resumidamente, era essa a situação da psicologia europeia quando Vigotski apareceu em cena. Na Rússia, a situação não era muito diferente.

Psicologia pós-revolucionária na Rússia

Nas primeiras décadas do século XX, a psicologia na Rússia, assim como na Europa, movia-se entre escolas antagônicas, cada uma procurando oferecer explicações parciais para alguns fenômenos. Em 1923, no primeiro congresso soviético de neuropsicologia, K. N. Kornilov iniciou a primeira grande mudança intelectual e organizacional na psicologia após a Revolução. Naquela época, o prestigiado Instituto de Psicologia de Moscou era chefiado por G. I. Chelpanov, um adepto da psicologia introspectiva de Wundt e opositor do behaviorismo. (Ele havia publicado, em 1917, imediatamente antes da Revolução, a 6.ª edição do seu livro *A mente humana*, uma crítica às teorias materialistas da mente.) Chelpanov atribuía um papel restrito ao marxismo na psicologia, aceitando que essa teoria poderia ajudar a explicar a organização social da consciência, mas não as propriedades da consciência individual. Numa palestra intitulada "Psicologia Contemporânea e Marxismo", Kornilov criticou Chelpanov pelas bases idealistas da sua teoria psicológica e pelo restrito papel por ele atribuído ao marxismo na psicologia. Kornilov, que denominava sua própria abordagem de reatologia, procurou submeter todos os ramos da psicologia a uma estrutura marxista, usando as reações comportamentais como os elementos básicos.

As críticas de Kornilov a Chelpanov, em 1923, prevaleceram. Chelpanov foi demitido da direção do Instituto de Psicologia e substituído por Kornilov, que, imediatamente, formou uma equipe de jovens cientistas dedicados à formulação e implementação de uma teoria da psicologia comportamental e marxista. Pode-se imaginar, assim, a sensação causada, um ano mais tarde, no segundo encontro de neuropsicologia, pela palestra de Vigotski intitulada "Consciência como um Objeto da Psicologia do Comportamento" – principalmente porque, qualquer que seja o aspecto pelo qual se veja a abordagem reatológica de Kornilov, não se conseguirá caracterizar de uma forma clara o papel da consciência na atividade humana, assim como não se conseguirá atribuir ao conceito de consciência um papel na ciência psicológica[1].

· · · · · · · · ·

1. K. N. Kornilov, "Psychology and Marxism", *in* K. N. Kornilov, org., *Psychology and Marxism*, Leningrado, Casa de Publicações do Governo, 1925, pp. 9-24.

L. S. Vigotski, "Consciousness as a Problem in the Psychology of Behavior", *in* K. N. Kornilov, org., *Psychology and Marxism*, pp. 175-98.

Vigotski começava, assim, a divergir da autoridade recentemente estabelecida. Ele não propunha, entretanto, um retorno à posição advogada por Chelpanov. Nessa sua palestra inicial e num conjunto de publicações subsequentes, ele deixou absolutamente claro que, do seu ponto de vista, nenhuma das escolas de psicologia existentes fornecia as bases firmes necessárias para o estabelecimento de uma teoria unificada dos processos psicológicos humanos. Emprestando uma expressão dos seus contemporâneos alemães, ele se referia com frequência à "crise na psicologia", impondo-se a tarefa de formular uma síntese das concepções antagônicas em bases teóricas completamente novas.

Para os gestaltistas contemporâneos de Vigotski, a existência da crise devia-se ao fato de as teorias existentes (fundamentalmente as concepções behavioristas de Wundt e Watson) não conseguirem, sob seu ponto de vista, explicar os comportamentos complexos como a percepção e a solução de problemas. Para Vigotski, no entanto, a raiz da crise era muito mais profunda. Ele partilhava da insatisfação dos psicólogos da Gestalt para com a análise psicológica que começou por reduzir todos os fenômenos a um conjunto de "átomos" psicológicos. Mas, ao mesmo tempo, ele sentia que os gestaltistas não eram capazes de, a partir da descrição de fenômenos complexos, ir além, no sentido de sua explicação. Mesmo que se aceitassem as críticas da Gestalt às outras abordagens, a crise persistiria, uma vez que a psicologia continuaria dividida em duas metades irreconciliáveis: um ramo com características de "ciência natural", que poderia explicar os processos elementares sensoriais e reflexos, e um outro com características de "ciência mental", que descreveria as propriedades emergentes dos processos psicológicos superiores. O que Vigotski procurou foi uma abordagem abrangente que possibilitasse a descrição e a explicação das funções psi-

....

Ver também K. N. Kornilov, "Psychology in the Light of Dialectical Materialism", *in* C. Murchinson, org., *Psychologies of 1930*, Worcester, Clark University Press, 1930; reimpressão Nova Iorque, Arno Press, 1973.

cológicas superiores, em termos aceitáveis para as ciências naturais. Para Vigotski, essa explicação tinha o significado de uma grande tarefa. Ela deveria incluir a identificação dos mecanismos cerebrais subjacentes a determinada função; a explicação detalhada de sua história ao longo do desenvolvimento, com o objetivo de estabelecer as relações entre formas simples e complexas daquilo que aparentava ser o mesmo comportamento; e, de forma importante, deveria incluir a especificação do contexto social em que se deu o desenvolvimento do comportamento. As metas de Vigotski eram extremamente ambiciosas, talvez até de forma não razoável. Ele não as atingiu (como, aliás, estava bem ciente). No entanto, conseguiu, de fato, fornecer-nos uma análise arguta e presciente da psicologia moderna.

A maior razão para a relevância permanente do trabalho de Vigotski está no fato de que, em 1924 e na década subsequente, ele se dedicou à construção de uma crítica penetrante à noção de que a compreensão de funções psicológicas superiores humanas poderia ser atingida pela multiplicação e complicação dos princípios derivados da psicologia animal, em particular aqueles princípios que representam uma combinação mecânica das leis do tipo estímulo-resposta. Ao mesmo tempo, ele produziu uma crítica devastadora das teorias que afirmam que as propriedades das funções intelectuais do adulto são resultado unicamente da maturação ou, em outras palavras, estão de alguma maneira pré-formadas na criança, esperando simplesmente a oportunidade de se manifestarem.

Ao enfatizar as origens sociais da linguagem e do pensamento, Vigotski seguia a linha dos influentes sociólogos franceses, mas, até onde sabemos, ele foi o primeiro psicólogo moderno a sugerir os mecanismos pelos quais a cultura torna-se parte da natureza de cada pessoa. Ao insistir em que as funções psicológicas são um produto da atividade cerebral, tornou-se um dos primeiros defensores da associação da psicologia cognitiva experimental com a neurologia e a fisiologia. Finalmente, ao propor que tudo isso deveria ser entendido à luz da teoria marxista da história da sociedade humana, lançou as bases para uma ciência comportamental unificada.

Estrutura teórica marxista

Ao contrário do estereótipo dos intelectuais soviéticos que se apressam em fazer suas teorias de acordo com a mais recente interpretação do marxismo elaborada pelo Politburo, Vigotski, desde o início de sua carreira, via o pensamento marxista como uma fonte científica valiosa. "Uma aplicação do materialismo histórico e dialético relevante para a psicologia" seria um resumo preciso da teoria sociocultural de Vigotski dos processos psicológicos superiores.

Vigotski viu nos métodos e princípios do materialismo dialético a solução dos paradoxos científicos fundamentais com que se defrontavam seus contemporâneos. Um ponto central desse método é que todos os fenômenos sejam estudados como processos em movimento e em mudança. Em termos do objeto da psicologia, a tarefa do cientista seria a de reconstruir a origem e o curso do desenvolvimento do comportamento e da consciência. Não só todo fenômeno tem sua história, como essa história é caracterizada por mudanças qualitativas (mudança na forma, estrutura e características básicas) e quantitativas. Vigotski aplicou essa linha de raciocínio para explicar a transformação dos processos psicológicos elementares em processos complexos. O cisma entre os estudos científicos naturais dos processos elementares e a reflexão especulativa sobre as formas culturais do comportamento poderia ser superado desde que se acompanhassem as mudanças qualitativas do comportamento que ocorrem ao longo do desenvolvimento. Assim, quando Vigotski fala de sua abordagem como privilegiadora do "desenvolvimento", isso não deve ser confundido com uma "teoria do desenvolvimento", da criança. Na concepção de Vigotski, essa abordagem constitui o método fundamental da ciência psicológica.

A teoria marxista da sociedade (conhecida como materialismo histórico) também teve um papel fundamental no pensamento de Vigotski. De acordo com Marx, mudanças históricas na sociedade e na vida material produzem mudanças na "natureza humana" (consciência e comportamento). Embora essa proposta geral tivesse sido repetida por outros, Vigotski foi o primeiro a tentar correlacioná-la a questões psicológicas concretas. Nesse seu esforço, elaborou de forma criativa as concepções de Engels sobre o trabalho humano e o uso de instrumentos como os meios pelos quais o homem transforma a natureza e, ao fazê-lo, transforma a si mesmo. Nos capítulos 1 a 4, Vigotski explora o conceito de instrumento de uma maneira que encontra seus antecedentes diretos em Engels: "A especialização da mão – que implica o *instrumento*, e o instrumento implica a atividade humana específica, a reação transformadora do homem sobre a natureza"[2]; "o animal meramente *usa* a natureza externa, mudando-a pela sua simples presença; o homem, através de suas transformações, faz com que a natureza sirva a seus propósitos, *dominando-a*. Essa é a distinção final e essencial entre o homem e os outros animais". De maneira brilhante, Vigotski estendeu esse conceito de mediação na interação homem-ambiente pelo uso de instrumentos ao uso de signos. Os sistemas de signos (a linguagem, a escrita, o sistema de números), assim como o sistema de instrumentos, são criados pelas sociedades ao longo do curso da história humana e mudam a forma social e o nível de seu desenvolvimento cultural. Vigotski acreditava que a internalização dos sistemas de signos produzidos culturalmente provoca transformações comportamentais e estabelece um elo entre as formas iniciais e tardias do desenvolvimento individual. Assim, para Vigotski, na melhor tradição de Marx e Engels, o mecanismo de mudança individual ao longo do desenvolvimento tem sua raiz na sociedade e na cultura.

Em capítulos posteriores (particularmente no capítulo 5) Vigotski generaliza sua concepção sobre a origem das funções psicológicas superiores de tal forma que revela a íntima relação entre a sua natureza fundamentalmente mediada e a concepção materialista dialética de mudança histórica.

....

2. Friedrich Engels, *Dialectics of Nature*, Nova Iorque, International Publishers, 1940, p. 40.

Certos psicólogos soviéticos costumavam citar em excesso os clássicos do marxismo, procurando, dessa forma, um meio de construir uma psicologia marxista em meio ao caos das escolas antagônicas existentes. Ainda que, em notas não publicadas, Vigotski tenha repudiado o "método das citações" como meio de relacionar marxismo e psicologia, tornando explícita a maneira pela qual ele julgava que seus princípios metodológicos básicos pudessem contribuir para a elaboração de uma teoria na psicologia:

> Não quero descobrir a natureza da mente fazendo uma colcha de retalhos de inúmeras citações. O que eu quero é, uma vez tendo aprendido a totalidade do *método* de Marx, saber de que modo a ciência tem que ser elaborada para abordar o estudo da mente.
> ... Para criar essa teoria-método de uma maneira científica de aceitação geral, é necessário descobrir a essência dessa determinada área de fenômenos, as leis que regulam as suas mudanças, suas características qualitativas e quantitativas, além de suas causas. É necessário, ainda, formular as categorias e os conceitos que lhes são especificamente relevantes – ou seja, em outras palavras, criar o seu próprio *Capital*.
> O *Capital* está escrito de acordo com o seguinte método: Marx analisa uma única "célula" viva da sociedade capitalista – por exemplo, a natureza do valor. Dentro dessa célula ele descobre a estrutura de todo o sistema e de todas as suas instituições econômicas. Ele diz que, para um leigo, essa análise poderia parecer não mais do que um obscuro emaranhado de detalhes sutis. De fato, pode até ser que haja esses detalhes sutis; no entanto, eles são exatamente aqueles absolutamente necessários à "microanatomia". Alguém que pudesse descobrir qual é a cédula "psicológica" – o mecanismo produtor de uma única resposta que seja – teria, portanto, encontrado a chave para a psicologia como um todo (de cadernos não publicados).

A leitura cuidadosa desse manuscrito nos fornece provas convincentes da sinceridade de Vigotski e da imensa utilidade da estrutura por ele desenvolvida.

O ambiente intelectual e social de seu tempo

Nos anos 20, na antiga União Soviética, Vigotski não era o único a utilizar as abordagens histórica e do desenvolvimento no estudo da natureza humana. Dentro da psicologia, um colega seu mais velho, P. P. Blonsky, já havia assumido a posição de que a compreensão das funções mentais complexas requeria uma análise do desenvolvimento[3]. De Blonsky, Vigotski adotou a noção de que o "comportamento só pode ser entendido como história do comportamento". Blonsky foi, também, um dos primeiros a defender a ideia de que as atividades tecnológicas de uma população são a chave da compreensão de seu psicológico, uma ideia que Vigotski explorou a fundo.

Vigotski e muitos outros teóricos soviéticos da época foram, também, influenciados de forma importante pelo trabalho de sociólogos e antropólogos europeus ocidentais, como Thurnwald e Levy-Bruhl[4], que se interessavam pela história dos processos mentais reconstruídos a partir de evidências antropológicas da atividade intelectual dos povos primitivos. As escassas referências nesse livro não refletem plenamente a extensão do interesse de Vigotski no desenvolvimento dos processos mentais entendidos historicamente. Esse aspecto de seu trabalho recebeu atenção especial numa publicação conjunta com A. R. Luria, em 1930, intitulada *Estudos sobre a história do comportamento*. Esse interesse serviu de estímulo para as duas expedições realizadas por Luria, em 1931 e 1932, à Ásia Central, cujos resultados foram publicados muito depois da morte de Vigotski[5].

Essa ênfase histórica era também muito comum na linguística soviética, cujo interesse centrava-se no problema da origem

....

3. P. P. Blonsky, *Studies in Scientific Psychology*, Moscou, Casa de Publicações do Governo, 1911.
4. R. Thurnwald, "Psychologie des primitiven Menschen", *in Handbuch der vergleichenden Psychologie*, Munique, 1922.
   L. Levy-Bruhl, *Primitive Mentality*, Nova Iorque, Macmillan, 1923.
5. A. R. Luria, *Cognitive Development; Its Cultural and Social Foundations*, Cambridge, Harvard University Press, 1976.

da linguagem e na sua influência sobre o desenvolvimento do pensamento. As discussões em lingüística tratavam de problemas semelhantes aos tratados nos trabalhos de Sapir e Whorf, que começavam, então, a se tornar influentes nos Estados Unidos.

Da mesma forma que o conhecimento da produção acadêmica dos anos 30 é útil na compreensão da abordagem de Vigotski sobre a cognição humana, é também essencial considerar as condições sociopolíticas da União Soviética durante esse tempo. Vigotski trabalhou numa sociedade em que a ciência era extremamente valorizada e da qual se esperava, em alto grau, a solução dos prementes problemas sociais e econômicos do povo soviético. A teoria psicológica não poderia ser elaborada independentemente das demandas práticas exigidas pelo governo, e o amplo espectro da obra de Vigotski mostra, claramente, a sua preocupação em produzir uma psicologia que tivesse relevância para a educação e para a prática médica. Para Vigotski, essa necessidade de desenvolver um trabalho teórico aplicado a um contexto não constituía, de forma alguma, uma contradição. Ele tinha começado sua carreira como professor de literatura e muitos dos seus primeiros artigos cuidavam de problemas da prática educacional, particularmente da educação de deficientes mentais e físicos. Tinha sido um dos fundadores do Instituto de Estudo das Deficiências, em Moscou, ao qual se manteve ligado ao longo de toda a vida. Em estudos de problemas médicos, tais como cegueira congênita, afasia e retardamento mental severo, Vigotski viu a oportunidade de entender os processos mentais humanos e de estabelecer programas de tratamento e reabilitação. Dessa forma, estava de acordo com a sua visão teórica geral desenvolver seu trabalho numa sociedade que procurava eliminar o analfabetismo e elaborar programas educacionais que maximizassem as potencialidades de cada criança.

A participação de Vigotski em debates sobre a formulação de uma psicologia marxista envolveu-o em disputas acirradas no fim dos anos 1920 e começo dos 1930. Nessas discussões, ideologia, psicologia e linhas de ação estavam intrincadamente ligadas, uma vez que diferentes grupos lutavam pelo direito de representar a psicologia. Com a saída de Kornilov do Instituto de Psicologia, em 1930, Vigotski e seus colaboradores estiveram no poder por um breve tempo, mas em momento algum ele foi oficialmente reconhecido como líder.

Nos anos que imediatamente antecederam sua morte, Vigotski lecionou e escreveu extensamente sobre problemas da educação, usando freqüentemente o termo "pedologia", que pode ser grosseiramente traduzido por "psicologia educacional". Pode-se dizer que, em geral, ele era adepto da pedologia que enfatizava os testes de capacidade intelectual padronizada a partir dos testes de QI, que estavam, então, ganhando evidência na Europa Ocidental e nos Estados Unidos. Era sua ambição reformar a pedologia de acordo com as linhas sugeridas no capítulo 6 deste volume, mas sua ambição excedeu em muito suas possibilidades. Por essa concepção, Vigotski foi erroneamente acusado de defender a aplicação de testes psicológicos em massa, e também criticado como o "grande chauvinista russo", pelo fato de ter sugerido que as populações iletradas (como aquelas que vivem em regiões não industrializadas na Ásia Central) ainda não tinham desenvolvido as capacidades intelectuais associadas à civilização moderna. Dois anos após sua morte, o Comitê Central do Partido Comunista baixou um decreto proibindo todos os testes psicológicos na União Soviética. Ao mesmo tempo, todas as revistas de psicologia mais importantes deixaram de ser publicadas por quase 20 anos. Um período de fermentação intelectual e experimentação chegava ao fim.

Mas as idéias de Vigotski de forma nenhuma morreram com ele. Mesmo antes de sua morte, ele e seus colaboradores estabeleceram um laboratório em Kharkov, chefiado inicialmente por A. N. Leontiev (atualmente decano da Faculdade de Psicologia na Universidade de Moscou) e posteriormente por A. V. Zaporozhets (atualmente Diretor do Instituto de Educação Pré-Escolar). Luria completou sua formação médica na segunda metade da década de 1930 e, a partir daí, passou a elaborar seu trabalho pioneiro, mundialmente famoso, no campo do desenvolvimento e da neuropsicologia. Muitos dos primeiros colaboradores de Vigotski ocupam posições de destaque no Instituto de Estudo das Deficiências e no Instituto de Psicologia, ambos da Academia Soviética de Ciências Pedagógicas, assim como em departamentos de psicologia das universidades, como o da Universidade de Moscou.

A simples observação de qualquer compêndio sobre a pesquisa psicológica soviética mostrará que Vigotski influenciou e continua a influenciar a pesquisa numa ampla variedade de áreas básicas e aplicadas relacionadas aos processos cognitivos, seu desenvolvimento e sua desintegração. Suas idéias não deixaram de ser questionadas, nem mesmo pelos seus colaboradores; no entanto, permanecem como um aspecto vivo do pensamento psicológico soviético.

A utilização do método experimental por Vigotski

As referências que Vigotski faz no texto a experimentos efetuados em seu laboratório algumas vezes provocam no leitor uma certa inquietação. Ele quase não apresenta os dados brutos, e os resumos são muito gerais. Onde estão os testes estatísticos que dizem se as observações refletem ou não efeitos "reais"? O que provariam esses estudos? Será que eles fornecem, de fato, algum suporte às teorias gerais de Vigotski ou estaria ele, apesar de seu repúdio, praticando uma psicologia especulativa sem submeter as suas proposições centrais ao teste empírico? Aqueles que no seu dia-a-dia estão imersos na metodologia da psicologia experimental, como a praticada na maioria dos laboratórios americanos, certamente tenderiam a retirar o termo "experimento" dos estudos de Vigotski, considerando-os um pouco mais do que demonstrações interessantes ou estudos-piloto – e de fato o são, em muitos aspectos.

Achamos, no entanto, que é importante ter sempre em mente a natureza dos manuscritos que foram usados como base para este livro. Eles não constituem um relato de uma série de pesquisas a partir das quais proposições gerais são extrapoladas. Em vez disso, nesses escritos Vigotski estava preocupado em apresentar os princípios básicos de seu método e de sua teoria. Sua referência ao pouco trabalho empírico a que tinha acesso era feita com o objetivo de ilustrar e apoiar seus princípios. As descrições de estudos específicos são esquemáticas, e os achados são, em geral, apresentados como conclusões gerais, e não sob a forma de dados brutos. Alguns dos trabalhos citados foram publicados de forma detalhada pelos seus colaboradores e poucos são encontrados em inglês[6]. A maioria dos estudos, entretanto, foi realizada por seus colaboradores como estudos-piloto, que nunca foram preparados para publicação. O laboratório de Vigotski existiu somente durante uma década, sendo a sua morte por tuberculose esperada a qualquer momento. As implicações de sua teoria eram tantas e tão variadas, e o tempo era tão curto, que toda sua energia se concentrou em abrir novas linhas de investigação em vez de perseguir uma linha em particular até esgotá-la. Essa tarefa coube aos colaboradores e sucessores de Vigotski, que adotaram suas concepções das mais variadas maneiras, incorporando-as em novas linhas de pesquisa[7]. Entretanto, o estilo de experimentação nesses ensaios representa mais do que uma resposta às condições de urgência nas quais eles foram conduzidos. A concepção que Vigotski tinha de experimentação diferia daquela dos psicólogos americanos, e a compreensão dessas diferenças é fundamental para a apreciação adequada da contribuição de Vigotski à psicologia cognitiva contemporânea.

Como qualquer aluno de curso introdutório à psicologia experimental sabe, o propósito de qualquer experimento, como convencionalmente é apresentado, é determinar as condições que controlam o comportamento. A metodologia deriva desses

....
6. Z. M. Istomina, "The Development of Voluntary Memory in Preschool Age Children", *Soviet Psychology*, 13, n.º 4: 5-64, 1975.
7. M. Cole e I. Maltzman, orgs., *A Handbook of Contemporary Soviet Psychology*, Nova Iorque, Basic Book, 1969; A. V. Zaporozhets e D. B. Elkonin, orgs., *The Psychology of Preschool Children*, Cambridge, MIT Press, 1971.

objetivos: as hipóteses experimentais preveem aspectos do estímulo ou da tarefa que determinarão aspectos particulares das respostas; dessa forma, o experimentador procura manter o máximo de controle sobre os estímulos, as tarefas e as respostas, com o objetivo de testar sua previsão. A quantificação das respostas é a base para a comparação entre experimentos e para a extração de inferências sobre as relações de causa e efeito. Em resumo, os experimentos são planejados de modo que produzam certo desempenho sob condições tais que tornem máximas as suas possibilidades de interpretação.

Para Vigotski, o objetivo da experimentação é completamente diferente. Os princípios de sua abordagem básica (apresentada no capítulo 5 deste volume) não surgem puramente da crítica metodológica às práticas experimentais estabelecidas; eles derivam de sua teoria da natureza dos processos psicológicos superiores e da tarefa árdua de explicação científica, em psicologia. Se os processos psicológicos superiores surgem e sofrem transformações ao longo do aprendizado e do desenvolvimento, a psicologia só poderá compreendê-los completamente determinando a sua origem e traçando a sua história. À primeira vista, poderia parecer que tal tarefa exclui o método experimental e requer estudos do comportamento individual por longos períodos de tempo. Mas Vigotski acreditava (e engenhosamente demonstrou) que ao experimento cabia o importante papel de desvendar os processos que comumente estão encobertos pelo comportamento habitual. Ele escreveu que, num experimento adequadamente concebido, o experimentador pode criar processos que "põem à mostra o curso real do desenvolvimento de determinada função". Ele chamou esse método de "genético-experimental", um termo que compartilhava com Heinz Werner, um eminente contemporâneo, cuja abordagem psicológica comparada do desenvolvimento era muito bem conhecida de Vigotski.

Para que um experimento sirva como meio efetivo para estudar "o curso do desenvolvimento de um processo" ele deve oferecer o máximo de oportunidades para que o sujeito experimental se engaje nas mais variadas atividades que possam ser observadas e não apenas rigidamente controladas. Uma técnica efetivamente usada por Vigotski, com esse propósito, foi a de introduzir obstáculos ou dificuldades na tarefa a fim de quebrar os métodos rotineiros de solução de problemas. Por exemplo, no estudo da comunicação infantil e da função da fala egocêntrica, Vigotski elaborou uma situação tal que requeria da criança um engajamento numa atividade cooperativa com outras crianças que não conseguiam compartilhar sua linguagem (estrangeiras ou surdas). Um outro método utilizado era o de fornecer caminhos alternativos para a solução do problema, incluindo vários tipos de materiais (chamados por Vigotski de "auxiliares externos"), que poderiam ser usados de maneiras diferentes para satisfazer às exigências do teste. Através da observação cuidadosa do uso que as crianças, em diferentes idades e sob diferentes condições de dificuldade, faziam dos auxiliares externos, Vigotski procurou reconstruir a série de mudanças nas operações intelectuais que normalmente se expressam, gradativamente, no curso do desenvolvimento biográfico da criança. Uma terceira técnica utilizada era a de colocar a criança diante de uma tarefa que excedesse em muito os seus conhecimentos e capacidades, procurando, com isso, evidenciar o início rudimentar de novas habilidades. Esse procedimento está bem ilustrado nos seus estudos sobre a escrita (capítulo 7), em que as crianças pequenas recebiam papel e lápis, e era-lhes pedido que fizessem representações de eventos, pondo à mostra assim para o pesquisador a compreensão mais precoce que a criança tem da natureza do simbolismo gráfico.

Com esse conjunto de procedimentos, os dados críticos fornecidos pelo experimento não são o nível de desempenho como tal, mas os métodos pelos quais o desempenho é atingido. Esse contraste entre os trabalhos experimentais convencionais (centrados no desempenho em si) e o trabalho de Vigotski (preocupado com o processo) tem sua expressão contemporânea em estudos recentes de pesquisadores americanos sobre a memória em crianças. Em muitos estudos (inclusive vários dos nossos) apresentavam-se, para crianças de várias idades, listas de palavras a serem lembradas e analisava-se o desempenho, medindo-se o número de palavras recordadas e a sua ordem. A partir desses indicadores os pesquisadores procuraram inferir se as crianças pequenas engajavam-se ou não, e em que extensão, em atividades organizadoras, como uma estratégia de memória. Por outro lado, John Flavell e seus colegas, usando procedimentos muito parecidos com os usados pelos colaboradores de Vigotski, apresentavam às crianças os elementos a serem lembrados e as instruíam no sentido de fazerem o que quisessem para ajudassem a lembrar. Observaram então as tentativas das crianças para classificar os itens, os tipos de agrupamentos realizados por elas e outros indicadores de sua tendência a usar estratégias organizativas no processo de lembrança. Da mesma maneira que para Vigotski, a questão central é: o que as crianças estão fazendo? Como elas tentam satisfazer às exigências da tarefa?

Associado a isso gostaríamos de tornar claro um conceito básico do método experimental e da abordagem teórica de Vigotski que, acreditamos, tem sido amplamente interpretado de forma incorreta. Em vários pontos do texto, ao referir-se à estrutura do comportamento, Vigotski usa um termo que nós traduzimos como "mediado". Às vezes, esse termo é acompanhado de um desenho mostrando um estímulo, uma resposta e um "elo de mediação" entre eles (por exemplo, S-X-R). O mesmo termo e virtualmente a mesma forma de representação gráfica foram introduzidos nas teorias norte-americanas de aprendizado nos Estados Unidos no final dos anos 1930, tornando-se muito popular nos anos 1950, na medida em que foram feitas tentativas de estender as teorias baseadas na associação estímulo-resposta do aprendizado a comportamentos humanos complexos, especialmente a linguagem. É importante ter sempre em mente que Vigotski *não* era um adepto da teoria do aprendizado baseada na associação estímulo-resposta e não era sua intenção que a sua idéia de comportamento mediado fosse interpretada nesse contexto. O que ele, de fato, tentou transmitir com essa noção é que, nas formas superiores do comportamento humano, o indivíduo modifica ativamente a situação estimuladora como parte do processo de resposta a ela. Foi a totalidade da estrutura dessa atividade produtora do comportamento que Vigotski tentou descrever com o termo "mediação".

Várias são as implicações da abordagem teórica e do método experimental de Vigotski. A primeira é que os resultados experimentais podem ser tanto quantitativos como qualitativos. Descrições detalhadas, baseadas em observações cuidadosas, constituem uma parte importante dos achados experimentais. Para alguns, esses achados poderiam parecer meramente anedóticos; para Vigotski, no entanto, tais observações, se realizadas objetivamente e com rigor científico, adquirem *status* de fato confirmado.

Uma outra consequência dessa nova abordagem experimental é a ruptura de algumas das barreiras tradicionais entre os estudos de "laboratório" e de "campo". Dessa forma, a observação e a intervenção experimental podem ser executadas numa situação de brinquedo, na escola ou num ambiente clínico, frequentemente tão bem quanto ou melhor do que no laboratório. As observações sensíveis e as intervenções imaginativas relatadas neste livro comprovam essa possibilidade.

Finalmente, em vez do método clássico, um método experimental que procura traçar a história do desenvolvimento das funções psicológicas alinha-se melhor com os outros métodos históricos nas ciências sociais – incluindo a história da cultura e da sociedade ao lado da história da criança. Para Vigotski, os estudos antropológicos e sociológicos eram coadjuvantes da observação e experimentação no grande empreendimento de explicar o progresso da consciência e do intelecto humanos.

Nota biográfica sobre L. S. Vigotski

Lev Semyonovitch Vigotski nasceu a 5 de novembro de 1896, na cidade de Orsha, no nordeste de Minsk, na Bielorrússia. Completou o primeiro grau em 1913, em Gomel, com medalha de ouro. Em 1917, após graduar-se na Universidade de Moscou, com especialização em literatura, começou sua pesquisa literária.

De 1917 a 1923, Vigotski lecionou literatura e psicologia numa escola em Gomel, onde dirigia também a seção de teatro do centro de educação de adultos, além de dar muitas palestras sobre os problemas da literatura e da ciência. Durante esse período, Vigotski fundou a revista literária *Verask*. Foi aí que publicou sua primeira pesquisa em literatura, mais tarde reeditada com o título de *A psicologia da arte*. Também criou um laboratório de psicologia no Instituto de Treinamento de Professores, onde dava um curso de psicologia, cujo conteúdo foi publicado mais tarde, na revista *Psicologia Pedagógica*.

Em 1924, Vigotski mudou-se para Moscou, trabalhando primeiro no Instituto de Psicologia, e depois, no Instituto de Estudos das Deficiências, por ele criado. Ao mesmo tempo, dirigiu um departamento de educação de crianças deficientes físicas e retardadas mentais, em Narcompros (Comitês Populares de Educação), além de dar cursos na Academia Krupskaya de Educação Comunista, na Segunda Universidade Estadual de Moscou (posteriormente chamada Instituto Pedagógico Estadual de Moscou) e no Instituto Pedagógico Hertzen, em Leningrado. Entre 1925 e 1934, Vigotski reuniu em torno de si um grande grupo de jovens cientistas, que trabalhavam nas áreas da psicologia e no estudo das anormalidades físicas e mentais. Simultaneamente, o interesse pela medicina levou Vigotski a fazer o curso de medicina, primeiro no Instituto Médico, em Moscou, e posteriormente em Kharkov, onde também deu um curso de psicologia na Academia de Psiconeurologia da Ucrânia. Um pouco antes de sua morte, Vigotski foi convidado para dirigir o departamento de psicologia no Instituto Soviético de Medicina Experimental. Morreu de tuberculose em 11 de junho de 1934.

A. R. LURIA

Primeira parte
Teoria básica e dados experimentais

Capítulo 1
O instrumento e o símbolo no desenvolvimento da criança

O propósito primeiro deste livro é caracterizar os aspectos tipicamente humanos do comportamento e elaborar hipóteses de como essas características se formaram ao longo da história humana e de como se desenvolvem durante a vida de um indivíduo.

Essa análise se preocupará com três aspectos fundamentais: (1) Qual a relação entre os seres humanos e o seu ambiente físico e social? (2) Quais as formas novas de atividade que fizeram com que o trabalho fosse o meio fundamental de relacionamento entre o homem e a natureza e quais as consequências psicológicas dessas formas de atividades? (3) Qual a natureza das relações entre o uso de instrumentos e o desenvolvimento da linguagem? Nenhuma dessas questões tem sido adequadamente tratada pelos estudiosos preocupados com a compreensão da psicologia humana e animal.

Karl Stumpf, um eminente psicólogo alemão do começo do século XX, baseou seus estudos num conjunto de premissas completamente diferentes daquelas que empregarei aqui[1]. Comparou o estudo das crianças à botânica, enfatizando o caráter bo-

....

1. K. Stumpf, "Zur Methodik der Kinderpsychologie", *Zeitsch. f. padag. Psychol.*, 2 (1900).

tânico do desenvolvimento, que ele associava à maturação do organismo como um todo.

O fato, no entanto, é que maturação *per se* é um fator secundário no desenvolvimento das formas típicas e mais complexas do comportamento humano. O desenvolvimento desses comportamentos caracteriza-se por transformações complexas, qualitativas, de uma forma de comportamento em outra (ou como Hegel diria, uma transformação de quantidade em qualidade). A noção corrente de maturação como um processo passivo não pode descrever, de forma adequada, os fenômenos complexos. Apesar disso, como A. Gesell acertadamente apontou, continuamos ainda a utilizar a analogia botânica em nossa descrição do desenvolvimento infantil (por exemplo, dizemos que os primeiros anos de educação de uma criança ocorrem no "jardim de infância")[2]. Atualmente, vários psicólogos têm sugerido que esse paradigma botânico seja abandonado.

Em resposta a essa crítica, a psicologia moderna subiu um degrau na explicação científica, adotando modelos zoológicos como base de uma nova abordagem geral na compreensão do desenvolvimento infantil. De prisioneira da botânica, a psicologia infantil torna-se, agora, encantada pela zoologia. As observações em que esses modelos se baseiam provêm quase que inteiramente do reino animal, e as tentativas de respostas para as questões sobre as crianças são procuradas na experimentação animal. Observa-se que tanto os resultados dessa experimentação como o próprio procedimento para obtê-los estão sendo transpostos dos laboratórios de experimentação animal para as creches.

Essa convergência entre a psicologia animal e a psicologia da criança contribuiu de forma importante para o estudo das bases biológicas do comportamento humano. Muitos pontos de união entre o comportamento animal e o da criança têm sido estabelecidos, em particular no estudo dos processos psicológicos elementares. Como consequência, no entanto, surge um para-

....

2. A. Gesell, *The Mental Growth of the Preschool Child*, Nova Iorque, Macmillan, 1925, edição russa: Moscou-Leningrado, Gosizdat., 1930.

doxo. Quando estava em moda o paradigma botânico, os psicólogos enfatizavam o caráter singular das funções psicológicas superiores e da dificuldade de estudá-lo por métodos experimentais. Porém, a abordagem zoológica dos processos intelectuais superiores – aqueles que são caracteristicamente humanos – levou os psicólogos a interpretá-los não mais como algo singular, e sim como uma extensão direta dos processos correspondentes nos animais inferiores. Essa maneira de teorizar aparece particularmente na análise da inteligência prática das crianças, cujo aspecto mais importante é o uso de instrumentos.

A inteligência prática nos animais e nas crianças

No estudo da inteligência prática é particularmente importante o trabalho de Wolfgang Kohler[3]. Muitos dos seus experimentos foram feitos com macacos antropoides, durante a Primeira Guerra Mundial e, por vezes, ele comparou algumas de suas observações do comportamento de chimpanzés com alguns tipos particulares de respostas em crianças. Essa analogia direta entre a inteligência prática na criança e respostas similares apresentadas por macacos tornou-se o princípio e guia do trabalho experimental nesse campo.

A pesquisa de K. Buhler procurou, também, estabelecer similaridades entre crianças e macacos antropoides[4]. Ele estudou a apreensão manual de objetos por crianças pequenas, sua capacidade de usar vias alternativas quando da consecução de um objetivo e o uso que elas fazem de instrumentos primitivos. Essas observações, juntamente ao seu experimento clássico no qual solicitava a crianças pequenas que tirassem um anel de um bastão, ilustram uma abordagem muito parecida com a de Kohler. Buhler considerava que as manifestações de inteligência prática

....
3. W. Kohler, *The Mentality of Apes*, Nova Iorque, Harcourt, Brace, 1925.
4. K. Buhler, *The Mental Development of the Child*, Nova Iorque, Harcourt, Brace, 1930; edição russa, 1924.

em crianças eram exatamente do mesmo tipo das conhecidas em chimpanzés. De fato, há uma fase na vida da criança que Buhler chamou de "idade de chimpanzé" (p. 48). Uma criança que ele estudou com dez meses de idade foi capaz de puxar um cordão para obter um biscoito amarrado a ele. A capacidade de retirar um anel de um bastão, deslizando-o verticalmente, em vez de tentar puxá-lo lateralmente, não aparece até a metade do segundo ano de vida[5]. Embora esses experimentos tenham sido interpretados como um apoio para a analogia entre crianças e macacos, também fizeram com que Buhler descobrisse, como será explicado em seções posteriores, que o início da inteligência prática na criança (que ele chamava "raciocínio técnico"), assim como no chimpanzé, é independente da fala.

As observações detalhadas de crianças, durante o primeiro ano de vida, feitas por Charlotte Buhler, vieram apoiar essa conclusão[6]. C. Buhler já encontrou as primeiras manifestações de inteligência prática em crianças de 6 meses de idade. Entretanto, não é somente o uso de instrumentos que se desenvolve nesse ponto da história de uma criança; desenvolvem-se também os movimentos sistemáticos, a percepção, o cérebro e as mãos – na verdade, o seu organismo inteiro. Em consequência, o sistema de atividade da criança é determinado em cada estágio específico, *tanto pelo seu grau de desenvolvimento orgânico quanto pelo grau de domínio no uso de instrumentos.*

Foi K. Buhler quem estabeleceu o princípio, importante para o estudo do desenvolvimento, de que os primeiros esboços de fala inteligente são precedidos pelo raciocínio técnico, e este constitui a fase inicial do desenvolvimento cognitivo. A sua ênfase nos aspectos do comportamento das crianças semelhantes aos do chimpanzé tem sido seguida por outros. É na extrapolação dessa ideia que os perigos dos modelos zoológicos e de ana-

....

5. Este experimento foi descrito por D. E. Berlyne, "Children's Reasoning and Thinking", *in Carmichael's Manual of Child Psychology*, 3.ª ed., Paul H. Mussen, org., Nova Iorque, John Wiley, 1970, pp. 939-81.
6. C. Buhler, *The First Year of Life*, Nova Iorque, Day, 1930.

logia entre os comportamentos humanos e animal encontram sua mais clara expressão. São insignificantes as possibilidades de erro em pesquisas sobre o período pré-verbal do desenvolvimento infantil, como as feitas por Buhler. No entanto, as suas conclusões, extraídas de seu trabalho com crianças muito pequenas, são questionáveis, particularmente a sua afirmação de que "os sucessos obtidos pelos chimpanzés são completamente independentes da linguagem e, no caso do ser humano, mesmo mais tardiamente na vida, o raciocínio técnico, ou o raciocínio em termos de instrumentos, está longe de vincular-se à linguagem e a conceitos, diferentemente de outras formas de raciocínio"[7].

Buhler partiu do pressuposto de que as relações entre a inteligência prática e a fala que caracterizam a criança de dez meses de idade permanecem intactas por toda a vida. Essa análise, postulando a independência entre ação inteligente e fala, opõe-se diretamente aos nossos achados, que, ao contrário, revelam uma integração entre fala e raciocínio prático ao longo do desenvolvimento.

Shapiro e Gerke oferecem uma análise importante do desenvolvimento de raciocínio prático em crianças, baseando-se em experimentos inspirados nos estudos de Kohler sobre a solução de problemas por chimpanzés[8]. Afirmam que o raciocínio prático da criança apresenta alguns pontos semelhantes com o pensamento adulto, diferindo em outros, além de enfatizarem o papel dominante da experiência social no desenvolvimento humano. De acordo com sua visão, a experiência social exerce seu papel através do processo de imitação; quando a criança imita a forma pela qual o adulto usa instrumentos e manipula obje-

··········
7. K. Buhler, *Mental Development*, pp. 49-51. Ver também C. Buhler, *First Year*. A capacidade linguística de chimpanzés está sendo objeto de controvérsias entre psicólogos e linguistas. Parece que os chimpanzés têm uma capacidade de sinalização mais complexa do que era esperada na época em que Buhler e Vigotski escreveram esses trechos. Entretanto, as inferências sobre a competência cognitiva e linguística demonstrada por essas observações estão sendo ainda vivamente debatidas.
8. S. A. Shapiro e E. D. Gerke, mencionado por M. Ya. Basov, *Fundamentals of General Pedology*, Moscou-Leningrado, Gosizdat; 1928.

tos, ela está dominando o verdadeiro princípio envolvido numa atividade particular. Eles sugerem que as ações, quando repetidas, acumulam-se umas sobre as outras, sobrepondo-se como numa fotografia de exposição múltipla; os traços comuns tornam-se nítidos, e as diferenças tornam-se borradas. O resultado é a cristalização de um esquema, um princípio definido de atividade. A criança, à medida que se torna mais experiente, adquire um número cada vez maior de modelos que ela compreende. Esses modelos representam um esquema cumulativo refinado de todas as ações similares, ao mesmo tempo que constituem um plano preliminar para vários tipos possíveis de ação a se realizarem no futuro.

Entretanto, essa noção de adaptação de Shapiro e Gerke está por demais ligada à concepção mecanicista de repetição. Para eles, à experiência social cabe somente o papel de prover a criança com esquemas motores; não levam em consideração as mudanças que ocorrem na estrutura interna das operações intelectuais da criança. Na descrição dos processos infantis de solução de problemas, no entanto, os autores são forçados a assinalar "um papel especial preenchido pela fala" nos esforços adaptativos e práticos da criança em crescimento. Mas a descrição desse papel é um pouco estranha. "A fala", dizem eles, "compensa e substitui a adaptação real; ela não serve como elemento de ligação com a experiência passada, servindo, simplesmente, a uma adaptação puramente social que é atingida através do experimentador". Essa análise não leva em conta a contribuição da fala para o desenvolvimento de uma nova organização estrutural da atividade prática.

Guillaume e Meyerson oferecem-nos conclusões diferentes quanto ao papel da fala na geração das formas tipicamente humanas de comportamento[9]. A partir de seus experimentos extremamente interessantes sobre o uso de instrumentos entre os macacos antropoides, eles concluíram que os métodos utilizados

----

9. P. Guillaume e I. Meyerson, "Recherches sur l'usage de L'instrument chez les singes", *Journal de Psychologie*, 27, 1930: 177-236.

por esses animais para realizar determinada tarefa são similares em princípio, e coincidem, em certos pontos essenciais, com aqueles usados por pessoas afásicas (isto é, indivíduos privados da fala). Seus achados apoiam minha suposição de que a fala tem um papel essencial na organização das funções psicológicas superiores[10].

Esses exemplos experimentais levam-nos de volta ao começo de nossa revisão das teorias psicológicas do desenvolvimento infantil. Os experimentos de Buhler indicam que a atividade prática da criança pequena, antes do desenvolvimento da fala, é idêntica àquela de macacos antropoides, e Guillaume e Meyerson sugerem que o comportamento desses animais é semelhante àquele observado em pessoas privadas da fala. Ambas as linhas de trabalho levam-nos a focalizar nossa atenção sobre a importância de compreender a atividade prática das crianças quando na idade de começar a falar. Meu trabalho, assim como de meus colaboradores, está dirigido a esses mesmos problemas. No entanto, nossas premissas diferem daquelas dos pesquisadores citados acima. Nossa preocupação primeira é descrever e especificar o desenvolvimento das formas de inteligência prática especificamente humanas.

A relação entre a fala e o uso de instrumentos

Em seus experimentos clássicos com macacos, Kohler demonstrou a inutilidade da tentativa de desenvolver em animais as formas mais elementares de operações com signos e simbólicas. Ele concluiu que o uso de instrumentos entre macacos antropoides é independente da atividade simbólica. Tentativas adicionais de desenvolver uma fala produtiva nesses animais

....
10. Vigotski iniciou apenas um estudo sobre a afasia em toda a sua vida. O erro dessa conclusão e as alterações subsequentes dos seus conceitos de afasia podem ser encontrados nos trabalhos de A. R. Luria; ver *Traumatic Aphasia*, Haia, Mouton, 1970.

produziram, também, resultados negativos. Esses experimentos mostraram, uma vez mais, que o comportamento propositado dos animais independe da fala ou de qualquer atividade utilizadora de signos.

O estudo do uso de instrumentos isolado do uso de signos é habitual em trabalhos de pesquisa sobre a história natural do intelecto prático, assim como no procedimento de psicólogos que estudaram o desenvolvimento dos processos simbólicos na criança. Consequentemente, a origem e o desenvolvimento da fala e de todas as outras atividades que usam signos foram tratados como independentes da organização da atividade prática na criança. Os psicólogos preferiram estudar o desenvolvimento do uso de signos como um exemplo de intelecto puro e não como o produto da história do desenvolvimento da criança. Frequentemente atribuíram o uso de signos à descoberta espontânea, pela criança, da relação entre signos e seus significados. Como W. Stern afirmava, o reconhecimento do fato de que esses signos verbais têm significado constitui "a maior descoberta da vida da criança"[11]. Vários autores localizam esse "momento" feliz na transação entre o primeiro e o segundo ano, considerando-o como produto da atividade mental da criança. Um exame detalhado do *desenvolvimento* da fala e de outras formas de uso de signos era considerado desnecessário. Em vez disso, tem-se admitido que a mente da criança contém todos os estágios do futuro desenvolvimento intelectual; eles existem já na sua forma completa, esperando o momento adequado para emergir.

Assumia-se não somente que inteligência prática e fala tinham origens diferentes como também considerava-se a sua participação conjunta em operações comuns como não tendo importância psicológica básica (como no trabalho de Shapiro e Gerke). Mesmo quando o uso de instrumentos e a fala estavam intimamente ligados em determinada operação, eles eram estudados como processos separados e pertencentes a duas classes

....
11. W. Stern, *Psychology of Early Childhood up to the Sixt Year of Age*, Nova Iorque, Holt, Rinehart and Winston, 1924; edição russa: Petrogrado, 1915.

completamente diferentes de fenômenos. Na melhor das hipóteses, a sua ocorrência simultânea era considerada como uma consequência de fatores externos fortuitos.

Tanto os estudiosos da inteligência prática como os estudiosos do desenvolvimento da fala frequentemente não reconhecem o embricamento entre essas duas funções. Consequentemente, o comportamento adaptativo das crianças e a atividade de uso de signos são tratados como fenômenos paralelos – uma visão que leva ao conceito de fala "egocêntrica" de Piaget[12]. Ele não atribui papel importante à fala na organização da atividade infantil, como também não enfatiza suas funções de comunicação, embora seja obrigado a admitir sua importância prática.

Embora a inteligência prática e o uso de signos possam operar independentemente em crianças pequenas, a unidade dialética desses sistemas no adulto humano constitui a verdadeira essência no comportamento humano complexo. Nossa análise atribui à atividade simbólica uma função *organizadora* específica que invade o processo do uso de instrumento e produz formas fundamentalmente novas de comportamento.

A interação social e a transformação da atividade prática

Tomando por base a discussão apresentada na seção anterior e ilustrada pelo trabalho experimental a ser descrito a seguir, pode-se tirar a seguinte conclusão: *o momento de maior significado no curso do desenvolvimento intelectual, que dá origem às formas puramente humanas de inteligência prática e abstrata, acon-*

....
12. J. Piaget, *The Language and Thought of the Child*, Nova Iorque, Meridian Books, 1955, [trad. bras. *A linguagem e o pensamento da criança*, São Paulo, Martins Fontes, 7.ª ed., 1999.]; também International Library of Psychology, 1925. As diferenças entre as visões de Piaget e Vigotski sobre o desenvolvimento da linguagem e o papel da fala egocêntrica são tratados extensivamente no 3º capítulo do livro de Vigotski, *Thought and Language*, Cambridge, MIT Press, 1962, [trad. bras. *Pensamento e linguagem*, São Paulo, Martins Fontes, 3.ª ed., 2005]; e no livro de ensaios de Piaget *Six Psychological Studies*, Nova Iorque, Random House, 1967.

tece quando a fala e a atividade prática, então duas linhas completamente independentes de desenvolvimento, convergem.

Embora o uso de instrumentos pela criança durante o período pré-verbal seja comparável àqueles dos macacos antropoides, assim que a fala e o uso de signos são incorporados a qualquer ação, esta se transforma e se organiza ao longo de linhas inteiramente novas. Realiza-se, assim, o uso de instrumentos especificamente humano, indo além do uso possível de instrumentos, mais limitado, pelos animais superiores.

Antes de controlar o próprio comportamento, a criança começa a controlar o ambiente com a ajuda da fala. Isso produz novas relações com o ambiente, além de uma nova organização do próprio comportamento. A criação dessas formas caracteristicamente humanas de comportamento produz, mais tarde, o intelecto e constitui a base do trabalho produtivo: a forma especificamente humana do uso de instrumentos.

A observação de crianças numa situação similar à dos macacos de Kohler mostra que elas não só *agem* na tentativa de atingir seu objetivo como também *falam*. Como regra, essa fala surge espontaneamente e continua quase sem interrupção por todo o experimento. Ela aumenta em intensidade e se torna mais persistente toda vez que a situação se torna mais complicada e o objetivo mais difícil de ser atingido. Qualquer tentativa de bloqueá-la (como mostraram os experimentos do meu colaborador R. E. Levina) ou é inútil, ou provoca uma "paralisação" da criança.

Levina propôs alguns problemas práticos para crianças de 4 e 5 anos, como, por exemplo, pegar um doce num armário. O doce estava fora do alcance direto da criança. À medida que a criança se envolvia cada vez mais na tentativa de obter o doce, a fala "egocêntrica" começava a manifestar-se como parte de seu esforço ativo. Inicialmente, a verbalização consistia na descrição e análise da situação, adquirindo, aos poucos, o caráter de "planejamento", expressando possíveis caminhos para a solução do problema. Finalmente, ela passava a ser incluída como parte da própria solução.

Por exemplo, pediu-se a uma menina de quatro anos e meio que pegasse o doce usando como possíveis instrumentos um banco e uma vara. A descrição de Levina é a seguinte: (parada ao lado de um banco, olhando e, com a vara, tentando sentir algo sobre o armário.) "Subir no banco." (Olha para o experimentador, muda a vara de mão.) "Aquilo é mesmo um doce?" (Hesita.) "Eu posso pegá-lo com aquele outro banco, subo e pego." (Pega o outro banco.) "Não, não dá. Eu poderia usar a vara." (Pega a vara e esbarra no doce.) "Ele vai se mexer agora." (Acerta o doce.) "Moveu-se, eu não consegui pegá-lo com o banco, mas a vara funcionou."[13.]

Nessas circunstâncias parece que é natural e necessário para a criança falar enquanto age. No nosso laboratório observamos que a fala não só acompanha a atividade prática como também tem um papel específico na sua realização. Nossos experimentos demonstraram dois fatos importantes:

(1) A fala da criança é tão importante quanto a ação para atingir um objetivo. As crianças não ficam simplesmente falando o que elas estão fazendo; sua fala e ação fazem parte *de uma mesma função psicológica complexa*, dirigida para a solução do problema em questão.

(2) Quanto mais complexa a ação exigida pela situação e menos direta a solução, maior a importância que a fala adquire na operação como um todo. Às vezes a fala adquire uma importância tão vital que, se não for permitido seu uso, as crianças pequenas não são capazes de resolver a situação.

Essas observações levam-me a concluir que *as crianças resolvem suas tarefas práticas com a ajuda da fala, assim como dos olhos e das mãos*. Essa unidade de percepção, fala e ação, que, em última instância, provoca a internalização do campo visual, constitui o objeto central de qualquer análise da origem das formas caracteristicamente humanas de comportamento.

....

13. Ver R. E. Levina sobre as ideias de L. S. Vigotski acerca do papel do planejamento da linguagem na criança, *Voprosi Psikhologii*, 14: 105, 105-15, 1938. Embora Levina tenha feito essas observações no final da década de 20, elas ainda não foram publicadas, com exceção desta breve explicação.

Para desenvolver o primeiro desses pontos, devemos indagar o que realmente distingue as ações de uma criança que fala das ações de um macaco antropoide, na solução de problemas práticos?

A primeira coisa que impressiona o experimentador é a *liberdade* incomparavelmente maior das operações das crianças, a sua maior independência em relação à estrutura da situação visual concreta. As crianças, com a ajuda da fala, criam maiores possibilidades do que aquelas que os macacos podem realizar com a ação. Uma manifestação importante dessa maior flexibilidade é que a criança é capaz de ignorar a linha direta entre o agente e o objetivo. Em vez disso, ela se envolve em vários atos preliminares, usando o que chamamos métodos instrumentais ou mediados (indiretos). No processo de solução de um problema a criança é capaz de incluir estímulos que não estão contidos no seu campo visual imediato. Usando palavras (uma classe desses estímulos), para criar um plano de ação específico, a criança realiza uma variedade muito maior de atividades, usando como *instrumentos* não somente aqueles objetos à mão, *mas procurando e preparando tais estímulos de forma que os torne úteis para a solução da questão e para o planejamento de ações futuras.*

Em segundo lugar, as operações práticas de uma criança que pode falar tornam-se muito menos impulsivas e espontâneas do que as dos macacos. Esses, tipicamente, realizam uma série de tentativas descontroladas de resolver o problema em questão. Diferentemente a criança que usa a fala divide sua atividade em duas partes consecutivas. Através da fala, ela planeja como solucionar o problema e então executa a solução elaborada através de uma atividade visível. A manipulação direta é substituída por um processo psicológico complexo através do qual a motivação interior e as intenções, postergadas no tempo, estimulam o seu próprio desenvolvimento e realização. Essa forma nova de estrutura psicológica não existe nos macacos antropoides, nem mesmo em formas rudimentares.

Finalmente, é muito importante observar que a fala, além de facilitar a efetiva manipulação de objetos pela criança, controla, também, *o comportamento da própria criança*. Assim, com a ajuda da fala, as crianças, diferentemente dos macacos, adquirem a capacidade de ser tanto sujeito como objeto de seu próprio comportamento.

A investigação experimental da fala egocêntrica de crianças envolvidas em atividades, como as descritas por Levina, produziu o segundo fato de grande importância demonstrado por nossos experimentos: *a quantidade relativa de fala egocêntrica*, medida pelo método de Piaget, aumenta em relação direta com a dificuldade do problema prático enfrentado pela criança[14]. Tomando por base esses experimentos, eu e meus colaboradores desenvolvemos a hipótese de que a fala egocêntrica das crianças deve ser vista como uma forma de transição entre a fala exterior e a interior. Funcionalmente, a fala egocêntrica é a base para a fala interior, enquanto na sua forma externa está incluída na fala comunicativa.

Uma maneira de aumentar a produção de fala egocêntrica é complicar a tarefa de tal forma que a criança não possa usar, de forma direta, os instrumentos para solucioná-la. Diante de tal desafio, aumenta o uso emocional da linguagem pelas crianças, assim como aumentam seus esforços para atingir uma solução mais inteligente, menos automática. Elas procuram verbalmente um novo plano de ação, e a sua verbalização revela a conexão íntima entre a fala egocêntrica e a socializada. Isso é mais bem notado quando o experimentador deixa a sala ou não responde aos apelos de ajuda das crianças. Uma vez impossibilitadas de se engajar numa fala social, as crianças, de imediato, envolvem-se na fala egocêntrica.

Enquanto nessa situação a inter-relação dessas duas funções da linguagem é evidente, é importante lembrar que a fala egocêntrica está ligada à fala social das crianças através de muitas formas de transição. O primeiro exemplo significativo da ligação

....
14. J. Piaget, *Language and Thought*, p. 10.

entre essas duas funções da linguagem é o que ocorre quando as crianças descobrem que são incapazes de resolver um problema por si mesmas. Dirigem-se então a um adulto e, verbalmente, descrevem o método que, sozinhas, não foram capazes de colocar em ação. A maior mudança na capacidade das crianças para usar a linguagem como um instrumento para a solução de problemas ocorre um pouco mais tarde no seu desenvolvimento, no momento em que a fala socializada (que foi previamente utilizada para dirigir-se a um adulto) *é internalizada*. Em vez de apelar para o adulto, as crianças passam a apelar a si mesmas; a linguagem passa, assim, a adquirir *uma função intrapessoal* além do seu *uso interpessoal*. No momento em que as crianças desenvolvem um método de comportamento para guiar a si mesmas, o qual tinha sido usado previamente em relação a outra pessoa, e, quando elas organizam sua própria atividade de acordo com uma forma social de comportamento, conseguem, com sucesso, impor a si mesmas uma atitude social. A história do processo de *internalização da fala social* é também a história da socialização do intelecto prático das crianças.

A relação entre fala e ação é dinâmica no decorrer do desenvolvimento das crianças. A relação estrutural pode mudar mesmo durante um experimento. A mudança crucial ocorre da seguinte maneira: num primeiro estágio, a fala *acompanha* as ações da criança e reflete as vicissitudes do processo de solução do problema de uma forma dispersa e caótica. Num estágio posterior, a fala desloca-se cada vez mais em direção ao início desse processo, de modo que, com o tempo, *preceda* a ação. Ela funciona, então, como um auxiliar de um plano já concebido, mas não realizado, ainda, em nível comportamental. Uma analogia interessante pode ser encontrada na fala das crianças enquanto desenham (ver, também, o capítulo 8). As crianças pequenas dão nome a seus desenhos somente após completá-los; elas têm necessidade de vê-los antes de decidir o que eles são. À medida que as crianças se tornam mais velhas, elas adquirem a capacidade de decidir previamente o que vão desenhar. Esse deslocamento temporal do processo de nomeação significa uma mudança na função da fala. Inicialmente a fala segue a ação, sendo provocada e dominada pela atividade. Posteriormente, entretanto, quando a fala se desloca para o início da atividade, surge uma nova relação entre palavra e ação. Nesse instante a fala dirige, determina e domina o curso da ação; surge a *função planejadora* da fala, além da função já existente da linguagem, de refletir o mundo exterior[15].

Assim como um molde dá forma a uma substância, as palavras podem moldar uma atividade dentro de determinada estrutura. Entretanto, essa estrutura pode, por sua vez, ser mudada e reformada quando as crianças aprendem a usar a linguagem de um modo que lhes permita ir além das experiências prévias ao planejar uma ação futura. Em contraste com a noção de descoberta súbita, popularizada por Stern, concebemos a atividade intelectual verbal como uma série de estágios nos quais as funções emocionais e comunicativas da fala são ampliadas pelo acréscimo da função planejadora. Como resultado, a criança adquire a capacidade de engajar-se em operações complexas dentro de um universo temporal.

Diferentemente dos macacos antropoides, que, segundo Kohler, são "os escravos do seu próprio campo de visão", as crianças adquirem independência em relação ao seu ambiente concreto imediato; elas deixam de agir em função do *espaço* imediato e evidente. Uma vez que as crianças aprendem a usar, efetivamente, a função planejadora de sua linguagem, o seu campo psicológico muda radicalmente. Uma visão do futuro é, agora, parte integrante de suas abordagens ao ambiente imediato. Em capítulos subsequentes, descreverei com mais detalhes o desenvolvimento de algumas dessas funções psicológicas centrais.

Resumindo o que foi dito até aqui nesta seção: a capacitação especificamente humana para a linguagem habilita as crianças a providenciar instrumentos auxiliares na solução de tarefas difíceis, a superar a ação impulsiva, a planejar uma solução

----

15. Uma descrição mais completa desses experimentos é apresentada no capítulo 7 de *Thought and Language*.

para um problema antes de sua execução e a controlar seu próprio comportamento. Signos e palavras constituem para as crianças, primeiro e acima de tudo, um meio de contato social com outras pessoas. As funções cognitivas e comunicativas da linguagem tornam-se, então, a base de uma forma nova e superior de atividade nas crianças, distinguindo-as dos animais.

As mudanças que descrevi não ocorrem de maneira unidimensional e regular. Nossa pesquisa mostrou que crianças muito pequenas solucionam problemas usando uma combinação singular de processos. Em contraste com os adultos, que reagem diferentemente a objetos e a pessoas, as crianças pequenas muito provavelmente fundirão ação e fala em resposta tanto a objetos quanto a seres sociais. Essa fusão da atividade é análoga ao sincretismo na recepção, descrito por muitos psicólogos do desenvolvimento.

A irregularidade à qual estou me referindo é claramente observada numa situação em que crianças pequenas, quando incapazes de resolver facilmente o problema colocado, combinam tentativas diretas de obter o fim desejado com uma confiança e dependência na fala emocional. Às vezes, a fala expressa os desejos da criança; outras vezes, ela adquire o papel de substituto para o ato real de atingir o objetivo. A criança pode tentar solucionar o problema através de formulações verbais e por apelos ao experimentador. Essa combinação de diferentes formas de atividades parecia-nos, a princípio, confusa; no entanto, observações adicionais direcionaram nossa atenção para uma sequência de ações que tornou claro o significado do comportamento das crianças em tais circunstâncias. Por exemplo, após realizar várias ações inteligentes e inter-relacionadas que poderiam ajudá-la a solucionar com sucesso determinado problema, subitamente a criança, ao defrontar-se com uma dificuldade, cessa todas as tentativas e pede ajuda ao experimentador. Qualquer obstáculo aos esforços da criança para solucionar o problema pode interromper sua atividade. O apelo verbal da criança a outra pessoa constitui um esforço para preencher o hiato que a sua atividade apresentou. Ao fazer uma pergunta, a criança mostra que, de fato, formulou um plano de ação para solucionar o problema em questão, mas que é incapaz de realizar todas as operações necessárias.

Através de experiências repetidas, a criança aprende, de forma não expressa (mentalmente), a planejar sua atividade. Ao mesmo tempo ela requisita a assistência de outra pessoa, de acordo com as exigências do problema proposto. A capacidade que a criança tem de controlar o comportamento de outra pessoa torna-se parte necessária de sua atividade prática.

Inicialmente, esse processo de solução do problema em conjunto com outra pessoa não é diferenciado pela criança no que se refere aos papéis desempenhados por ela e por quem a ajuda; constitui um todo geral e sincrético. Mais de uma vez observamos que, durante o processo de solução de um problema, as crianças se confundem, porque começam a fundir a lógica do que elas estão fazendo com a lógica necessária para resolver o problema com a cooperação de outra pessoa. Algumas vezes, a ação sincrética manifesta-se quando as crianças constatam a ineficácia total dos seus esforços diretos para solucionar o problema. Como no exemplo mostrado no trabalho de Levina, as crianças se dirigem para os objetos de sua atenção tanto com palavras como com o instrumento, determinando a união fundamental e inseparável entre fala e ação na atividade da criança; essa união torna-se particularmente clara quando comparada com a separação desses processos nos adultos.

Em resumo, quando as crianças se confrontam com um problema um pouco mais complicado para elas, apresentam uma variedade complexa de respostas que incluem: tentativas diretas de atingir o objetivo, uso de instrumentos, fala dirigida à pessoa que conduz o experimento ou fala que simplesmente acompanha a ação e apelos verbais diretos ao objeto de sua atenção.

Quando analisado dinamicamente, esse amálgama de fala e ação tem uma função muito específica na história do desenvolvimento da criança; demonstra, também, a lógica da sua própria gênese. Desde os primeiros dias do desenvolvimento da criança, suas atividades adquirem um significado próprio num sistema de comportamento social e, sendo dirigidas a objetivos definidos, são refratadas através do prisma do ambiente da criança. O caminho do objeto até a criança e desta até o objeto passa através de outra pessoa. Essa estrutura humana complexa é o produto de um processo de desenvolvimento profundamente enraizado nas ligações entre história individual e história social.

Capítulo 2
O desenvolvimento da percepção e da atenção

A relação entre o uso do instrumento e a fala afeta várias funções psicológicas, em particular a percepção, as operações sensório-motoras e a atenção, cada uma das quais é parte de um sistema dinâmico de comportamento. Pesquisas experimentais do desenvolvimento indicam que as conexões e relações entre funções constituem sistemas que se modificam, ao longo do desenvolvimento da criança, tão radicalmente quantos as próprias funções individuais. Considerando uma das funções de cada vez, examinarei como a fala introduz mudanças qualitativas na sua forma e na sua relação com as outras funções.

O trabalho de Kohler enfatizou a importância da estrutura do campo visual na organização do comportamento prático de macacos antropoides. A totalidade do processo de solução de problemas foi, essencialmente, determinada pela percepção. Quanto a isso, Kohler tinha muitas evidências para acreditar que esses animais eram muito mais limitados pelo seu campo sensorial do que os adultos humanos. Eles são incapazes de modificar o seu campo sensorial através de um esforço voluntário. De fato, talvez fosse útil encarar como regra geral a dependência de todas as formas naturais de percepção em relação à estrutura do campo sensorial.

Entretanto, a percepção de uma criança, porque ela é um *ser humano*, não se desenvolve como uma continuidade direta e aperfeiçoada das formas de percepção animal, nem mesmo daqueles animais que estão mais próximos da espécie humana. Experimentos realizados para esclarecer esse problema levaram-nos a descobrir algumas leis básicas que caracterizam as formas humanas superiores de percepção.

O primeiro conjunto de experimentos relacionou-se aos estágios do desenvolvimento da percepção de figuras pelas crianças. Experimentos similares, descrevendo aspectos específicos da percepção em crianças pequenas e sua dependência de mecanismos psicológicos superiores, foram realizados anteriormente por Binet, e analisados em detalhe por Stern[1]. Ambos observaram que a maneira pela qual crianças pequenas descrevem uma figura difere em estágios sucessivos de seu desenvolvimento. Uma criança com dois anos comumente limita sua descrição a objetos isolados dentro do conjunto da figura. Crianças mais velhas descrevem ações e indicam as relações complexas entre os diferentes objetos de uma figura. A partir dessas observações, Stern inferiu que o estágio em que as crianças percebem objetos isolados precede o estágio em que elas percebem ações e relações, além dos próprios objetos, ou seja, quando elas são capazes de perceber a figura como um todo. Entretanto, várias observações psicológicas sugerem que os processos perceptivos da criança são inicialmente fundidos e só mais tarde se tornam mais diferenciados.

Nós solucionamos a contradição entre essas duas posições através de um experimento que replicava o estudo de Stern sobre as descrições de figuras por crianças. Nesse experimento pedíamos às crianças que procurassem comunicar o conteúdo de uma figura sem usar a fala. Sugeríamos que a descrição fosse feita por *mímica*. A criança com dois anos, que, de acordo com o esquema de Stern, ainda está na fase do desenvolvimento da percepção de "objetos" isolados, percebe os aspectos dinâmicos da figura e os reproduz com facilidade por mímica. O que Stern entendeu ser uma característica das habilidades percep-

....

1. A. Binet, "Perception de'enfants'", *Revue Philosophique*, 30: 582-611, 1890. Stern, *Psychology of Early Childhood*.

tuais da criança provou ser, na verdade, um produto das limitações do *desenvolvimento de sua linguagem* ou, em outras palavras, um aspecto de sua *percepção verbalizada*.

Um conjunto de observações correlatas revelou que a rotulação é a função primária da fala nas crianças pequenas. A rotulação capacita a criança a escolher um objeto específico, isolá-lo de uma situação global por ela percebida simultaneamente; entretanto, a criança enriquece suas primeiras palavras com gestos muito expressivos, que compensam sua dificuldade em comunicar-se de forma inteligível através da linguagem. Pelas palavras, as crianças isolam elementos individuais, superando, assim, a estrutura natural do campo sensorial e formando novos (introduzidos artificialmente, e dinâmicos) centros estruturais. A criança começa a perceber o mundo não somente através dos olhos, mas também através da fala. Como resultado, o imediatismo da percepção "natural" é suplantado por um processo complexo de mediação; a fala como tal torna-se parte essencial do desenvolvimento cognitivo da criança.

Mais tarde, os mecanismos intelectuais relacionados à fala adquirem uma nova função; a percepção verbalizada, na criança, não mais se limita ao ato de rotular. Nesse estágio seguinte do desenvolvimento, a fala adquire uma função sintetizadora, a qual, por sua vez, é instrumental para se atingirem formas mais complexas da percepção cognitiva. Essas mudanças conferem à percepção humana um caráter inteiramente novo, completamente distinto dos processos análogos nos animais superiores.

O papel da linguagem na percepção é surpreendente, dadas as tendências opostas implícitas na natureza dos processos de percepção visual e da linguagem. Elementos independentes num campo visual são percebidos simultaneamente; nesse sentido, a *percepção visual é integral*. A fala, por outro lado, requer um processamento sequencial. Os elementos, separadamente, são rotulados e, então, conectados numa estrutura de sentença, *tornando a fala essencialmente analítica*.

Nossa pesquisa mostrou que, mesmo nos estágios mais precoces do desenvolvimento, linguagem e percepção estão ligadas. Na solução de problemas não verbais, mesmo que o problema seja resolvido sem a emissão de nenhum som, a linguagem tem um papel no resultado. Esses achados substanciam a tese da linguística psicológica, como a formulada muitos anos atrás por A. Potebnya, que defendia a inevitável interdependência entre o pensamento humano e a linguagem[2].

Um aspecto especial da percepção humana – que surge em idade muito precoce – é a *percepção de objetos reais*. Isso é algo que não encontra correlato análogo na percepção animal. Por esse termo eu entendo que o mundo não é visto simplesmente em cor e forma, mas também como um mundo com sentido e significado. Não vemos simplesmente algo redondo e preto com dois ponteiros; vemos um relógio e podemos distinguir um ponteiro do outro. Alguns pacientes com lesão cerebral dizem, quando veem um relógio, que estão vendo alguma coisa redonda e branca e com duas pequenas tiras de aço, mas são incapazes de reconhecê-lo como um relógio; tais pessoas perderam seu relacionamento real com os objetos. Essas observações sugerem que toda percepção humana consiste em percepções categorizadas em vez de isoladas.

A transição, no desenvolvimento para formas de comportamento qualitativamente novas, não se restringe a mudanças apenas na percepção. A percepção é parte de um sistema dinâmico de comportamento; por isso, a relação entre as transformações dos processos perceptivos e as transformações em outras atividades intelectuais é de fundamental importância. Esse ponto é ilustrado por nossos estudos sobre o comportamento de escolha, que mostram a mudança na relação entre a percepção e a ação motora em crianças pequenas.

Estudos do comportamento de escolha em crianças

Pedimos a crianças de quatro e cinco anos que pressionassem uma de cinco teclas de um teclado assim que identificassem

....
2. A. A. Potebnya, *Thought and Language*, Kharlhov, 1892, p. 6.

cada uma de uma série de figuras-estímulo, cada uma correspondendo a uma tecla. Como essa tarefa excede a capacidade das crianças, ela provoca sérias dificuldades e exige esforço intenso para solucionar o problema. O resultado mais notável talvez seja que todo o processo de seleção pela criança é *externo* e concentrado na esfera motora, permitindo ao experimentador observar nos movimentos da criança a verdadeira natureza do próprio processo de escolha. A criança realiza sua seleção à medida que desenvolve qualquer um dos movimentos que a escolha requer.

A estrutura do processo de decisão na criança nem de longe se assemelha à do adulto. Os adultos tomam uma decisão preliminar internamente e, em seguida, levam adiante a escolha na forma de um único movimento que coloca o plano em execução. A escolha da criança parece uma *seleção dentre seus próprios movimentos*, de certa forma retardada. As vacilações na percepção refletem-se diretamente na estrutura do movimento. Os movimentos da criança são repletos de atos motores hesitantes e difusos que se interrompem e recomeçam sucessivamente. Passar os olhos por um gráfico dos movimentos de uma criança é suficiente para qualquer um se convencer da natureza motora básica do processo.

A principal diferença entre os processos de escolha no adulto e na criança é que, nesta, a série de movimentos tentativos consistiu o próprio processo de seleção. A criança não escolhe o estímulo (a tecla necessária) como ponto de partida para o movimento consequente, mas seleciona o *movimento*, comparando o resultado com a instrução dada. Dessa forma, a criança resolve sua escolha não através de um processo direto de percepção visual, mas através do movimento; hesitando entre dois estímulos, seus dedos param sobre o teclado, movendo-se de uma tecla para outra, parando a meio caminho e voltando. Quando a criança transfere sua atenção para um outro lugar, criando dessa forma um novo foco na estrutura dinâmica de percepção, sua mão, obedientemente, move-se, em direção a esse novo centro, com seus olhos. Em resumo, o movimento não se separa da percepção: os processos coincidem quase que exatamente.

No comportamento dos animais superiores, a percepção visual constitui, de forma semelhante, parte de um todo mais complexo. O macaco antropoide não percebe a situação visual passivamente; uma estrutura comportamental complexa consistindo de fatores reflexos, afetivos, motores e intelectuais é dirigida no sentido de obter o objeto que o atrai. Seus movimentos constituem uma combinação dinâmica imediata de sua percepção. Nas crianças, essa resposta inicial é difusamente estruturada, sofrendo uma mudança fundamental tão logo funções psicológicos mais complexas sejam utilizadas no processo de escolha. O processo natural encontrado nos animais é, então, transformado numa operação psicológica superior.

Em seguida ao experimento descrito acima, tentamos simplificar a tarefa de seleção, marcando cada tecla com um sinal correspondente, com o objetivo de servir como estímulo adicional que poderia dirigir e organizar o processo de escolha. Pedia-se à criança que, assim que aparecesse o estímulo, apertasse a tecla marcada com o sinal correspondente. As crianças de cinco ou seis anos já são perfeitamente capazes de realizar essa tarefa com facilidade. A inclusão desse novo elemento mudou radicalmente a estrutura do processo de escolha. A operação elementar "natural" é substituída por uma operação nova e mais complicada. A tarefa mais fácil de resolver evoca uma resposta estruturada de forma mais complexa. Quando a criança presta atenção ao signo auxiliar com o objetivo de encontrar a tecla correspondente ao estímulo dado, ela não mais apresenta os impulsos motores que surgem como consequência direta da percepção. Não há movimentos hesitantes e incertos, como observamos na reação de escolha em que não foram usados estímulos auxiliares.

O uso de signos auxiliares rompe com a fusão entre o campo sensorial e o sistema motor, tornando possível assim novos tipos de comportamento. Cria-se uma "barreira funcional" entre o movimento inicial e o momento final do processo de escolha; o impulso direto para mover-se é desviado por circuitos preliminares. A criança que anteriormente solucionava o problema impulsivamente, resolve-o, agora, através de uma conexão estabelecida internamente entre o estímulo e o signo auxiliar correspondente. O movimento, que era anteriormente a própria escolha, é usado agora somente para realizar a operação já preparada. O *sistema de signos reestrutura a totalidade do processo psicológico, tornando a criança capaz de dominar seu movimento. Ela reconstrói o processo de escolha em bases totalmente novas.* O movimento desloca-se, assim, da percepção direta, submetendo-se ao controle das funções simbólicas incluídas na resposta de escolha. Esse desenvolvimento representa uma ruptura fundamental com a história natural do comportamento e inicia a transição do comportamento primitivo dos animais para as atividades intelectuais superiores dos seres humanos.

Dentre as grandes funções da estrutura psicológica que embasa o uso de instrumentos, o primeiro lugar deve ser dado à *atenção*. Vários estudiosos, a começar por Kohler, notaram que a capacidade ou incapacidade de focalizar a própria atenção é um determinante essencial do sucesso ou não de qualquer operação prática. Entretanto, a diferença entre a inteligência prática das crianças e dos animais é que aquelas são capazes de reconstruir a sua percepção e, assim, libertar-se de determinada estrutura de campo perceptivo. Com o auxílio da função indicativa das palavras, a criança começa a dominar sua atenção, criando centros estruturais novos dentro da situação percebida. Como K. Koffka tão bem observou, a criança é capaz de determinar para si mesma o "centro de gravidade" do seu campo perceptivo; o seu comportamento não é regulado somente pela conspicuidade de elementos individuais dentro dele. A criança avalia a importância relativa desses elementos, destacando, do fundo, "figuras" novas, ampliando assim as possibilidades de controle de suas atividades[3].

....
3. K. Koffka, *The Growth of the Mind*, Londres, Routledge and Kegan Paul, 1924.

Além de reorganizar o campo visual-espacial, a criança, com o auxílio da fala, cria um campo temporal que lhe é tão perceptivo e real quanto o visual. A criança que fala tem, dessa forma, a capacidade de dirigir sua atenção de uma maneira dinâmica. Ela pode perceber mudanças na sua situação imediata do ponto de vista de suas atividades passadas e pode agir no presente com a perspectiva do futuro.

Para o macaco antropoide a tarefa é insolúvel, a não ser que o objetivo e o instrumento para atingi-lo estejam, simultaneamente, à vista. A criança pode facilmente superar essa situação controlando verbalmente sua atenção e, consequentemente, reorganizando o seu campo perceptivo. O macaco perceberá a vara num momento, deixando de prestar-lhe atenção assim que mude seu campo visual para o objeto-meta. O macaco precisa necessariamente ver a vara para prestar atenção nela; a criança deve prestar atenção para poder ver.

Assim, o campo de atenção da criança engloba não uma, mas a totalidade das séries de campos perceptivos potenciais que formam estruturas dinâmicas e sucessivas ao longo do tempo. A transição da estrutura simultânea do campo visual para a estrutura sucessiva do campo dinâmico da atenção é conseguida através da reconstrução de atividades isoladas que constituem parte das operações requeridas. Quando isso ocorre, podemos dizer que o campo da atenção deslocou-se do campo perceptivo e desdobrou-se ao longo do tempo, como um componente de séries dinâmicas de atividades psicológicas.

A possibilidade de combinar elementos dos campos visuais presente e passado (por exemplo, o instrumento e o objeto-alvo) num único campo de atenção leva, por sua vez, à reconstrução básica de uma outra função fundamental, *a memória* (ver capítulo 3). Através de formulações verbais de situações e atividades passadas, a criança liberta-se das limitações da lembrança direta; ela sintetiza, com sucesso, o passado e o presente de modo conveniente a seus propósitos. As mudanças que ocorrem na memória são similares àquelas que ocorrem no campo perceptivo da criança, em que os centros de gravidade são deslocados, e as relações figura-fundo, alteradas. A memória da criança não somente torna disponíveis fragmentos do passado como, também, transforma-se num *novo método de unir elementos da experiência passada com o presente*.

Criado com o auxílio da fala, o campo temporal para a ação estende-se tanto para diante quanto para trás. A atividade futura, que pode ser incluída na atividade em andamento, é representada por signos. Como no caso da memória e da atenção, a inclusão de signos na percepção temporal não leva a um simples alongamento da operação no tempo; mais do que isso, cria as condições para o desenvolvimento de um sistema único que inclui elementos efetivos do passado, presente e futuro. Esse sistema psicológico emergente na criança engloba, agora, duas novas funções: *as intenções e as representações simbólicas das ações propositadas*.

Essa mudança na estrutura do comportamento da criança relaciona-se às alterações básicas de suas necessidades e motivações. Quando Lindner comparou os métodos usados por crianças surdas na solução de problemas aos usados pelos macacos de Kohler, notou que as motivações que levavam a perseguir o objetivo eram diferentes nas crianças e nos macacos[4]. As premências "instintivas" predominantes nos animais tornam-se secundárias nas crianças. Novas motivações, socialmente enraizadas e intensas, dão direção à criança. K. Lewin descreveu essas motivações como *Quasi Beduerfnisse* (quase necessidades) e defendeu que a inclusão delas em qualquer tarefa leva a uma reorganização de todo o sistema voluntário e afetivo da criança[5]. Ele acreditava que, com o desenvolvimento dessas quase necessidades, a impulsão emocional da criança desloca-se da *preocupação com o resultado* para *a natureza da solução*. Em essência, a "tarefa" (*Aufgabe*) nos experimentos com macacos antropoides só existe aos olhos do experimentador; no que diz respeito ao

---

......

4. R. Lindner, *Das Taubstumme Kind in Vergleich mit vollstandigen Kinder*, Leipzig, 1925.

5. K. Lewin, *Wille, Vorsatz and Beduerfniss*, Berlim, Sringer, 1926.

animal, existe somente a isca e os obstáculos interpostos no seu caminho. A criança, entretanto, esforça-se para resolver o problema dado, tendo, assim, um propósito completamente diferente. Uma vez sendo capaz de gerar quase necessidades, a criança está capacitada a dividir a operação em suas partes componentes, cada uma das quais torna-se um problema independente que ela formula a si mesma com o auxílio da fala.

Na sua excelente análise da psicologia da atividade propositada, Lewin nos dá uma clara definição de atividade voluntária com um produto do desenvolvimento histórico-cultural do comportamento e como um aspecto característico da psicologia humana. Afirma ser desconcertante o fato de o homem exibir uma liberdade extraordinária, mesmo com respeito a intenções sem o menor sentido. Essa liberdade é incomparavelmente menos característica nas crianças e, provavelmente, em adultos iletrados. Há razões para acreditar-se que a atividade voluntária, mais do que o intelecto altamente desenvolvido, diferencia os seres humanos dos animais filogeneticamente mais próximos.

Capítulo 3
O domínio sobre a memória e o pensamento

À luz do que eu e meus colaboradores aprendemos sobre as funções da fala na reorganização da percepção e na criação de novas relações entre as funções psicológicas, realizamos em crianças um amplo estudo de outras formas de atividades que usam signos, em todas as suas manifestações concretas (desenho, escrita, leitura, o uso de sistemas de números etc.). Preocupamo-nos também em observar se outras operações não relacionadas ao intelecto prático poderiam mostrar as mesmas leis do desenvolvimento que tínhamos descoberto quando analisamos o intelecto prático.

Muitos dos experimentos que realizamos trataram desse problema e, agora, com base nos dados obtidos, podemos descrever de forma esquemática as leis básicas que caracterizam a estrutura e o desenvolvimento das operações com signos na criança. Essas leis serão apresentadas no decorrer da discussão do fenômeno de memória, excepcionalmente apropriado para o estudo das mudanças introduzidas pelos signos nas funções psicológicas básicas, uma vez que revela com clareza a origem social dos signos e o seu papel crucial no desenvolvimento individual.

As origens sociais da memória indireta (mediada)

O estudo comparativo da memória humana revela que, mesmo nos estágios mais primitivos do desenvolvimento social, existem dois tipos fundamentalmente diferentes de memória. Uma delas, dominante no comportamento de povos iletrados, caracteriza-se pela impressão não mediada de materiais, pela retenção das experiências reais como a base dos traços mnemônicos (de memória). Nós a chamamos *memória natural*, e ela está claramente ilustrada nos estudos sobre a formação de imagens eidéticas feitos por E. R. Jaensch[1]. Esse tipo de memória está muito próxima da percepção, uma vez que surge como consequência da influência direta dos estímulos externos sobre os seres humanos. Do ponto de vista da estrutura, o processo todo caracteriza-se pela qualidade do imediatismo.

No entanto, mesmo no caso de homens e mulheres iletrados, a memória natural não é o único tipo encontrado. Ao contrário, coexistem com ela outros tipos de memória pertencentes a linhas de desenvolvimento completamente diferentes. O uso de pedaços de madeira entalhada e nós[2], a escrita primitiva e auxiliares mnemônicos simples demonstram, no seu conjunto, que mesmo nos estágios mais primitivos do desenvolvimento histórico os seres humanos foram além dos limites das funções psicológicas impostas pela natureza, evoluindo para uma organização nova, culturalmente elaborada, de seu comportamento. A análise comparativa mostra que tal tipo de atividade está ausente mesmo nas espécies superiores de animais; acreditamos que essas operações com signos são o produto das condições específicas do desenvolvimento *social*.

Mesmo essas operações relativamente simples, como atar nós e marcar um pedaço de madeira com a finalidade de auxiliares mnemônicos, modificam a estrutura psicológica do processo de memória. Elas estendem a operação de memória para além das dimensões biológicas do sistema nervoso humano, permitindo incorporar a ele estímulos artificiais, ou autogerados,

....
1. E. R. Jaensch, *Eidetic Imagery*, Nova Iorque, Harcourt, Brace, 1930.
2. Vigotski refere-se aqui à técnica do uso de nós em barbantes como artifício mnemônico entre os índios peruanos. Não há referência bibliográfica no texto; porém, a partir de outros manuscritos, parece que os exemplos foram retirados da obra de E. B. Taylor e Levy-Bruhl.

que chamamos *signos*. Essa incorporação, característica dos seres humanos, tem o significado de uma forma inteiramente nova de comportamento. A diferença essencial entre esse tipo de comportamento e as funções elementares será encontrada nas relações entre os estímulos e as respostas em cada um deles. As funções elementares têm como característica fundamental o fato de serem total e diretamente determinadas pela estimulação ambiental. No caso das funções superiores, a característica essencial é a estimulação autogerada, isto é, a criação e o uso de estímulos artificiais que se tornam a causa imediata do comportamento.

A *estrutura das operações com signos*

Toda forma elementar de comportamento pressupõe uma reação *direta* à situação-problema defrontada pelo organismo – o que pode ser representado pela fórmula simples (S → R). Por outro lado, a estrutura de operações com signos requer um elo intermediário entre o estímulo e a resposta. Esse elo intermediário é um estímulo de segunda ordem (signo), colocado no interior da operação, em que preenche uma função especial; ele cria uma nova relação entre S e R. O termo "colocado" indica que o indivíduo deve estar ativamente engajado no estabelecimento desse elo. Esse signo possui, também, a característica importante de ação reversa (isto é, ele age sobre o indivíduo e não sobre o ambiente).

Consequentemente, o processo simples estímulo-resposta é substituído por um ato complexo, mediado, que representamos da seguinte forma:

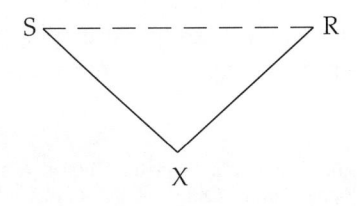

$$S \dashleftarrow\dashrightarrow R$$
$$\diagdown \;\; \diagup$$
$$X$$

Figura 1

Nesse novo processo o impulso direto para reagir é inibido, e é incorporado um estímulo auxiliar que facilita a complementação da operação por meios indiretos. Estudos cuidadosos demonstram que esse é um tipo básico de organização para todos os processos psicológicos superiores, ainda que de forma muito mais elaborada do que a mostrada acima. O elo intermediário nessa fórmula não é simplesmente um método para aumentar a eficiência da operação preexistente, tampouco representa meramente um elo adicional na cadeia S – R. Na medida em que esse estímulo auxiliar possui a função específica de ação reversa, ele confere à operação psicológica formas qualitativamente novas e superiores, permitindo aos seres humanos, com o auxílio de estímulos extrínsecos, *controlar seu próprio comportamento*. O uso de signos conduz os seres humanos a uma estrutura específica de comportamento que se destaca do desenvolvimento biológico e cria novas formas de processos psicológicos enraizados na cultura.

As primeiras operações com signos em crianças

Os experimentos seguintes, conduzidos por A. N. Leontiev em nossos laboratórios, demonstram com particular clareza o papel dos signos na atenção voluntária e na memória[3].

Pedia-se a crianças que participassem de um jogo no qual elas tinham de responder a um conjunto de questões sem usar determinadas palavras. Em geral, cada criança recebia três ou quatro tarefas que difeririam quanto às restrições impostas a suas respostas e quanto aos tipos de estímulos auxiliares em potencial que poderiam usar. Cada tarefa consistia de dezoito questões, sete delas referentes a cores (por exemplo, "Qual a cor...?"). A criança deveria responder prontamente a cada questão, usan-

....

3. Essas observações foram extraídas de um artigo de A. N. Leontiev, "Studies on the Cultural Development of the Child", *Journal of Genetic Psychology*, 40: 52-83, 1932.

do uma única palavra. A *tarefa inicial* foi conduzida exatamente dessa maneira. A partir da *segunda tarefa*, introduzimos regras adicionais que deviam ser obedecidas para que a criança acertasse a resposta. Por exemplo, a criança estava proibida de usar o nome de duas cores e nenhuma cor poderia ser usada duas vezes. A *terceira tarefa* tinha as mesmas regras que a segunda, e forneciam-se às crianças nove cartões coloridos como auxiliares para o jogo ("estes cartões podem ajudar você a ganhar o jogo"). A *quarta tarefa* era igual à terceira e foi utilizada nos casos em que a criança não usou adequadamente os cartões coloridos ou começou a fazê-lo tardiamente na terceira situação. Antes e depois de cada tarefa fazíamos perguntas com o objetivo de determinar se as crianças lembravam das instruções e se as tinham entendido.

Um conjunto de questões de uma tarefa típica é o seguinte (nesse caso as cores proibidas eram a verde e a amarela): (1) Você tem um amigo? (2) Qual é a cor da sua camisa? (3) Você já viajou de trem? (4) Qual é a cor dos vagões? (5) Você quer crescer? (6) Você já foi alguma vez ao teatro? (7) Você gosta de brincar no quarto? (8) Qual é a cor do chão? (9) E das paredes? (10) Você sabe escrever? (11) Você já viu uma flor chamada lilás? (12) Qual é a cor do lilás? (13) Você gosta de doces? (14) Você já esteve em um sítio? (15) Quais são as cores das folhas? (16) Você sabe nadar? (17) Qual é a sua cor preferida? (18) Para que a gente usa o lápis?

As cores dos cartões usados como auxiliares na terceira e quarta tarefas foram: preta, branca, vermelha, azul, amarela, verde, lilás, marrom e cinza.

Os resultados obtidos com trinta indivíduos com idades variando entre cinco e vinte e sete anos estão resumidos na tabela 1, sob a forma do número médio de erros na segunda e terceira tarefas e a diferença entre eles. Observando primeiramente os dados da tarefa 2, vemos que o número de erros diminui ligeiramente dos cinco para os treze anos e abruptamente quando se trata de adultos. Na tarefa 3, a queda mais abrupta no número médio de erros ocorre entre os grupos de idade de cinco para seis e oito para nove anos. A diferença entre o número de erros das tarefas 2 e 3 é pequena tanto para as crianças pré-escolares quanto para os adultos.

Os processos que deram origem a esses números são prontamente revelados quando se analisam os protocolos experimentais representativos de cada grupo de crianças. As crianças em idade pré-escolar (cinco para seis anos) não eram, em geral, capazes de descobrir como usar os cartões coloridos auxiliares e tiveram grande dificuldade em ambas as tarefas.

Tabela 1. Erros na tarefa das cores proibidas

Idade	Número de indivíduos	Erros (média) Tarefa 2	Tarefa 3	Diferença
5-6	7	3,9	3,6	0,3
8-9	7	3,3	1,5	1,8
10-13	8	3,1	0,3	2,8
22-27	8	1,4	0,6	0,8

Mesmo quando tentávamos explicar-lhes de que forma os cartões poderiam ajudá-las, as crianças nessa idade não eram capazes de usar esses estímulos externos para organizar o próprio comportamento.

Segue-se a transcrição do protocolo de um menino de cinco anos:

Tarefa 4. Cores proibidas: azul e vermelha (com cartões).

2. Qual é a cor das casas?   Vermelha [sem olhar para as cores proibidas].
3. O sol está forte hoje?   Sim.
4. Qual é a cor do céu?   Branco [sem olhar para o cartão, no entanto, procura o cartão branco]. Olha ele aqui! [Pega-o e segura-o na mão.]

8. Qual é a cor de um tomate?	Vermelho. [Dá uma olhada para os cartões.]
9. E qual é a cor de um caderno?	Branco – como isso! [Indicando o cartão branco.]
12. Qual é a cor de uma bola?	Branca. [Olhando para o cartão.]
13. Você vive aqui na cidade?	Não.
Como é? Você acha que ganhou?	Não sei – acho que sim.
O que é que você não poderia fazer para ganhar?	Não deveria dizer vermelho ou azul.
E o que mais?	Não deveria dizer a mesma palavra duas vezes.

   Essa transcrição sugere que os "auxiliares" na verdade prejudicaram essa criança. O uso repetido do "branco" como resposta ocorria quando sua atenção estava fixa no cartão branco. Os cartões auxiliares constituíram para ela um aspecto meramente casual na situação. Ainda assim, não há dúvida de que, algumas vezes, as crianças em idade pré-escolar mostram alguns precursores do uso de signos externos. Desse ponto de vista, alguns casos apresentam interesse especial. Por exemplo, após sugerirmos a uma criança que usasse os cartões ("tome estes cartões, eles vão ajudar você a ganhar"), ela procurou os cartões com as cores proibidas e os colocou fora de sua visão, como que tentando impedir a si mesma de dizer seus nomes.
   Apesar de uma aparente variedade, os métodos de uso dos cartões pelas crianças podem ser reduzidos a dois tipos básicos. Primeiro, a criança pode pôr as cores proibidas fora de sua visão, pôr os outros cartões à vista e, à medida que vai respondendo às questões, colocar de lado os cartões com as cores já mencionadas. Esse método é o menos eficaz; no entanto, é o método mais cedo utilizado. Os cartões, nesse caso, servem somente para registrar as cores mencionadas. De início, as crianças, em geral, não se voltam para os cartões antes de responder à questão sobre cor, e somente após fazê-lo folheiam os cartões, virando, movendo ou pondo de lado o correspondente à cor mencionada. Esse é, sem dúvida, o ato de memorização mais simples usando

o auxílio de meios externos. É só um pouco mais tarde que as condições do experimento conferem aos cartões uma segunda e nova função. Antes de dizer uma cor, a criança faz uma seleção com o auxílio dos cartões. Tanto faz se a criança olha para os cartões até então não usados ou para os cartões cujas cores já foram mencionadas. Em qualquer dos casos, os cartões são interpostos no processo e são usados como meio para regular a atividade. A característica evidente do primeiro método, que é o de esconder preliminarmente as cores proibidas, não leva ainda a uma substituição completa da operação menos amadurecida por outra, mais complexa; representa meramente um passo nessa direção. A sua ocorrência é, em parte, explicada pela maior simplicidade dessa operação no controle da memória e, em parte, também pelas atitudes "mágicas", frequentemente apresentadas pelas crianças, em relação a vários auxiliares em potencial num processo de solucionar um problema.

Os exemplos que se seguem, de uma estudante de treze anos, ilustram esse pontos:

Tarefa 2. Cores proibidas: verde e amarela (sem cartões).

1. Você tem amigos?	Sim.
2. Qual é a cor da sua blusa?	Cinza.
3. Você já andou de trem?	Sim.
4. Qual é a cor dos vagões?	Cinza [Nota que repetiu a mesma cor duas vezes e ri.]
5. Você quer crescer?	Sim.
6. Você já foi alguma vez ao teatro?	Sim.
7. Você gosta de brincar no quarto?	Sim.
8. Qual é a cor do chão?	Cinza. [Hesita.] De novo! – repeti.
9. E das paredes?	Branca.
10. Você sabe escrever?	Sim.
11. Você já viu uma flor chamada lilás?	Sim.
12. Qual é a cor do lilás?	Lilás.

13. Você gosta de doces?	Sim.
14. Você já esteve em um sítio?	Sim.
15. Quais são as cores das folhas?	Verde – oh, não deveria ter dito verde – marrom, às vezes vermelhas.
16. Você sabe nadar?	Sim.
17. Qual é a sua cor preferida?	Amarela! Não podia! [Leva as mãos à cabeça.]
18. O que se pode fazer com um lápis?	Escrever.
O que você acha, ganhou ou perdeu?	Perdi.
O que você não poderia ter falado?	Verde e amarelo.
E o que mais?	Não deveria ter repetido.

Tarefa 3. Cores proibidas: azul e vermelha (com cartões).

A menina colocou os cartões com as cores proibidas de um lado e enfileirou os restantes à sua frente.

1. Você costuma passear na rua?	Sim.
2. Qual é a cor das casas?	Cinza. [Após responder, olha para os cartões e vira o cinza.]
3. O sol está forte hoje?	Forte.
4. Qual é a cor do céu?	Branco. [Olha primeiro para o cartão e depois o vira.]
5. Você gosta de bala?	Sim.
6. Você já viu uma rosa?	Sim.
7. Você gosta de verdura?	Sim.
8. Qual é a cor do tomate?	Verde. [Vira o cartão.]
9. E de um caderno?	Amarelo. [Vira o cartão.]
10. Você tem brinquedos?	Não.
11. Você joga bola?	Sim.
12. E qual é a cor da bola?	Cinza. [Sem olhar os cartões; depois de responder dá uma olhada e constata o erro.]

13. Você vive na cidade?   Sim.
14. Você viu o desfile?   Sim.
15. Qual era a cor das bandeiras?   Pretas. [Olha primeiro para os cartões e então vira um.]
16. Você tem um livro?   Sim.
17. Qual é a cor da capa?   Lilás [virando o cartão.]
18. Quando é que fica escuro?   À noite.

Nossos resultados, como mostram os protocolos e a tabela 1, indicam a existência do processo de lembrança mediada. No primeiro estágio (idade pré-escolar), a criança não é capaz de controlar o seu comportamento pela organização de estímulos especiais. Os cartões coloridos, que poderiam ajudá-la em sua tarefa, não aumentam consideravelmente a eficácia dessa operação. Embora agindo como estímulo, eles não adquirem a função instrumental. O segundo estágio do desenvolvimento caracteriza-se pela nítida diferença nos índices nas duas tarefas principais. A introdução dos cartões, como um sistema de estímulos externos auxiliares, aumentou consideravelmente a eficácia da atividade da criança. Nesse estágio predominam os signos externos. O estímulo auxiliar é um instrumento psicológico que age a partir do meio exterior. No terceiro estágio (adulto), diminui a diferença entre o desempenho nas duas tarefas e seus coeficientes tornam-se praticamente iguais, sendo que agora o desempenho se dá em bases novas e superiores. Isso não significa que o comportamento dos adultos torna-se novamente direto e natural. Nesse estágio superior do desenvolvimento, o comportamento permanece mediado. Mas, agora, vemos que na terceira tarefa os estímulos auxiliares são emancipados de suas formas externas primárias. Ocorre o que chamamos internalização; os signos externos, de que as crianças em idade escolar necessitam, transformam-se em signos internos, produzidos pelo adulto como um meio de memorizar. Essa série de tarefas aplicadas a pessoas de diferentes idades mostra como se desenvolvem as formas externas de comportamento mediado.

A história natural da operação com signos

Embora o aspecto indireto (ou mediado) das operações psicológicas constitua uma característica essencial dos processos mentais superiores, seria um grande erro, como já assinalei em relação ao início da fala, acreditar que as operações indiretas surgem como resultado de uma lógica pura. Elas não são inventadas ou descobertas pela criança na forma de um súbito rasgo de discernimento ou de uma adivinhação rápida como um raio (a assim chamada reação do "aha"). A criança não deduz, de forma súbita e irrevogável, a relação entre o signo e o método de usá-lo. Tampouco ela desenvolve intuitivamente uma atitude abstrata, originada, por assim dizer, "das profundezas da mente da própria criança". Esse ponto de vista metafísico, segundo o qual esquemas psicológicos inerentes existem anteriormente a qualquer experiência, leva inevitavelmente a uma concepção apriorística das funções psicológicas superiores.

Nossa pesquisa levou-nos a conclusões completamente diferentes. Observamos que as operações com signos aparecem como o resultado de um processo prolongado e complexo, sujeito a todas as leis básicas da evolução psicológica. *Isso significa que a atividade de utilização de signos nas crianças não é inventada e tampouco ensinada pelos adultos;* em vez disso, ela surge de algo que originalmente não é uma operação com signos, tornando-se uma operação desse tipo somente após uma série de transformações *qualitativas*. Cada uma dessas transformações cria as condições para o estágio seguinte e é, em si mesma, condicionada pelo estágio precedente; dessa forma, as transformações estão ligadas como estágios de um mesmo processo e são, quanto à sua natureza, históricas. Com relação a isso, as funções psicológicas superiores não constituem exceção à regra geral aplicada aos processos elementares; elas também estão sujeitas à lei fundamental do desenvolvimento, que não conhece exceções, e surgem ao longo do curso geral do desenvolvimento psicológico da criança como resultado do mesmo processo dialético e não como algo que é introduzido de fora ou de dentro.

Se incluirmos essa história das funções psicológicas superiores como um fator de desenvolvimento psicológico, certamente chegaremos a uma nova concepção sobre o próprio processo geral de desenvolvimento. Podem-se distinguir, *dentro* de um processo geral de desenvolvimento, duas linhas qualitativamente diferentes de desenvolvimento, diferindo quanto à sua origem: de um lado, os processos elementares, que são de origem biológica; de outro, as funções psicológicas superiores, e origem sociocultural. *A história do comportamento da criança nasce do entrelaçamento dessas duas linhas.* A história do desenvolvimento das funções psicológicas superiores seria impossível sem um estudo de sua pré-história, de suas raízes biológicas e de seu arranjo orgânico. As raízes do desenvolvimento de duas formas fundamentais, culturais, de comportamento surgem durante a infância: o uso de *instrumentos* e a *fala* humana. Isso, por si só, coloca a infância no centro da pré-história do desenvolvimento cultural.

A potencialidade para as operações complexas com signos já existe nos estágios mais precoces do desenvolvimento individual. Entretanto, as observações mostram que entre o nível inicial (comportamento elementar) e os níveis superiores (formas mediadas de comportamento) existem muitos *sistemas psicológicos de transição*. Na história do comportamento, esses sistemas de transição estão entre o biologicamente dado e o culturalmente adquirido. Referimo-nos a esse processo como a *história natural do signo*.

Outro paradigma experimental, criado para estudar o processo mediado de memorização, nos dá a oportunidade de observar essa história natural do signo. M. G. Morozova apresentava para crianças palavras a serem lembradas e figuras auxiliares que podiam ser usadas como mediadores[4]. Ela observou que, durante os anos pré-escolares, a ideia de usar propositadamente as figuras auxiliares (signos) como meio de memorização é ainda

• • • • • • • • • •

4. Uma descrição mais completa dessa técnica pode ser encontrada no trabalho de A. R. Luria, "The Development of Mental Functions in Twins", *Character and Personality*, 5: 35-47, 1937.

estranha às crianças. Mesmo quando a criança lança mão de uma figura auxiliar para memorizar determinada palavra, não é necessariamente fácil para ela realizar a operação inversa. Nessa estágio, não é comum a criança lembrar o estímulo primário quando lhe é mostrado o estímulo auxiliar. Em vez disso, o signo evoca uma série associativa nova ou sincrética, representada pelo seguinte esquema:

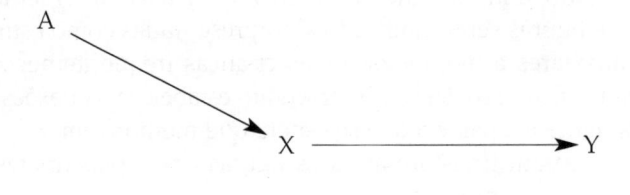

```
A
 ↘
   X ─────────→ Y
```

Figura 2

A operação ainda não progrediu para um nível mais avançado, mediado, usando aspectos culturalmente elaborados. Em contraste com a figura 2, o esquema usual para a memorização mediada pode ser representado como se segue:

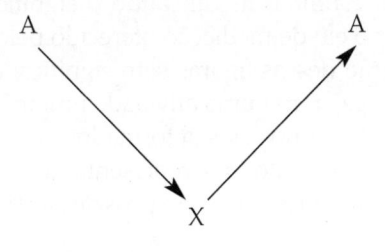

```
A           A
 ↘         ↗
    X
```

Figura 3

Durante o processo representado na figura 2, Y *poderia* levar a toda uma série nova de associações, sendo que o indivíduo *poderia* até chegar ao ponto inicial A. Entretanto, essa sequência está destituída ainda de seu caráter proposital e instrumental.

No segundo esquema, o signo auxiliar da palavra, X, possui a qualidade de ação reversa, de tal forma que o indivíduo pode, confiavelmente, relembrar A.

Os passos que levam de um esquema do tipo da Figura 2 para um do tipo da Figura 3 podem ser ilustrados pelos exemplos seguintes, tirados dos trabalhos de meus colaboradores. L. V. Zankov demonstrou que crianças menores, particularmente entre quatro e seis anos, devem basear-se em elos prontos, com significado, entre o signo "evocativo" e a palavra a ser lembrada[5]. Se figuras sem significado são apresentadas como estímulos auxiliares à memorização, as crianças frequentemente se negam a fazer uso delas; não procuram estabelecer conexões entre a figura e a palavra que se espera que memorizem. Ao contrário, tentam transformar essas figuras em cópias diretas da palavra a ser lembrada.

Por exemplo, a figura △ , apresentada como um signo "evocativo" da palavra "balde", foi virada de cabeça para baixo, cumprindo a função de lembrar as crianças da palavra somente quando a figura ▽ realmente começava a assemelhar-se a um balde. Da mesma forma, a figura ⌒ tornou-se o signo da palavra "banco" só quando foi virada de cabeça para baixo (⌣). Em todos esses casos, as crianças associaram as figuras às palavras-estímulo modificando o significado do signo, em vez de usar o elo de mediação oferecido pelo experimentador. A introdução dessas figuras sem significado estimulou as crianças a se engajarem numa atividade mnemônica mais ativa, em vez de confiar nos elos já formados, mas também as levou a tratar o signo como uma representação direta do objeto a ser lembrado. Quando isso não era possível, a criança negava-se a memorizar.

Observa-se um fenômeno muito parecido no estudo não publicado de U. C. Yussevich com crianças pequenas. Os estímulos auxiliares, que eram figuras sem nenhuma relação direta com as palavras apresentadas, foram raramente usados como signos.

••••••••••

5. L. V. Zankov, *Memory*, Moscou, Uchpedgiz., 1949.

A criança olhava para a figura e procurava reconhecer nela o objeto a ser memorizado. Por exemplo, quando se pediu a uma criança que memorizasse a palavra "sol" com o auxílio de uma figura mostrando um machado, ela conseguiu fazê-lo de forma muito fácil; apontou uma pequena mancha amarelada no desenho e disse: "Olha ele aqui, o sol." A criança substituiu um processo de memorização instrumental, potencialmente mais complexo, pela procura de uma representação direta do estímulo (semelhante a uma imagem eidética). A criança procurou uma representante eidética do signo auxiliar. *Em ambos os exemplos de Zankov e Yussevich, a criança reproduziu a palavra solicitada através de um processo de representação direta, em vez de uma simbolização mediada.*

As leis que descrevem o papel das operações com signos nesse estágio do desenvolvimento são completamente diferentes das leis que descrevem o processo de associação que a criança faz entre uma palavra e um signo nas operações com signos completamente desenvolvidos. As crianças, nos experimentos descritos, apresentam um estágio de desenvolvimento intermediário, entre o processo elementar e o completamente instrumental, a partir do qual mais tarde se desenvolverão completamente mediadas.

O trabalho de Leontiev sobre o desenvolvimento das operações com signos no processo de memorização nos fornece exemplos que vêm em apoio aos pontos teóricos discutidos acima, exemplificando também estágios posteriores do desenvolvimento da operação com signos durante a memorização[6].

Ele apresentava para crianças de diferentes idades e níveis de capacidade mental um conjunto de vinte palavras para serem lembradas. O material foi apresentado de três maneiras. Na primeira, as palavras eram simplesmente ditas, a intervalos de aproximadamente três segundos, e pedia-se à criança que se lembrasse. Numa segunda tarefa, dava-se à criança um conjunto

....

6. A. N. Leontiev, "The Development of Mediated Memory", *Problemi Defektologica*, n.º 4, 1928.

de vinte figuras, dizendo-lhe que as usasse para ajudá-la a lembrar as palavras. As figuras não eram representações diretas das palavras, mas estavam relacionadas a elas. Na terceira série usava-se um conjunto de vinte figuras que não mantinham nenhuma relação óbvia com as palavras a serem memorizadas. As questões básicas nesses experimentos foram: 1) até que ponto podem as crianças converter o processo de lembrança numa atividade mediada, usando figuras como elementos auxiliares no processo de memorização e 2) até que ponto o seu sucesso dependeria de diferentes graus de dificuldade apresentados pelas duas séries, potencialmente, mediadas.

Como era de esperar, os resultados diferiram dependendo do grupo de crianças e da dificuldade de lembrança representada por cada tarefa. Crianças normais (de dez a doze anos) lembraram duas vezes mais palavras quando as figuras foram fornecidas como auxiliares. Elas foram capazes de usar igualmente bem as duas séries de figuras. Crianças ligeiramente retardadas, da mesma idade, beneficiaram-se pouco, se é que se beneficiaram, da presença das figuras; e quanto a crianças severamente retardadas, os estímulos auxiliares, na realidade, interferiram negativamente no seu desempenho.

Os protocolos originais desses estudos mostram, claramente, níveis intermediários de funcionamento, nos quais a criança presta atenção ao estímulo da figura auxiliar, chegando mesmo, às vezes, a associá-lo com a palavra a ser lembrada, mas não é capaz de integrar o estímulo ao seu sistema de lembrança. Assim, por exemplo, uma criança escolheu uma figura de cebola para lembrar a palavra "jantar". Quando lhe foi perguntado por que havia escolhido aquela figura, ela deu uma resposta perfeitamente satisfatória: "Porque eu como cebola." No entanto, ela foi incapaz de lembrar a palavra "jantar" durante o experimento. Esse exemplo mostra que a capacidade de formar associações elementares não é suficiente para garantir que a relação associativa possa vir a preencher a função *instrumental* necessária à produção da lembrança. Esse tipo de evidência leva-nos a concluir que o desenvolvimento de funções psicológicas mediadas (nesse caso, a memória mediada) representa uma linha especial de desenvolvimento que não coincide, de forma completa, com o desenvolvimento dos processos elementares. Devo mencionar ainda que a adição de figuras como instrumentos auxiliares à memorização não facilita o processo de lembrança de adultos. A razão disso é diretamente oposta às razões da ineficiência dos instrumentos auxiliares para a memorização em crianças severamente retardadas. No caso de adultos, o processo de memorização mediada está tão completamente desenvolvido que ocorre mesmo na ausência de auxiliares externos especiais.

A memória e o ato de pensar

À medida que a criança cresce, não somente mudam as atividades evocadoras da memória como também o seu papel no sistema das funções psicológicas. A memória não mediada ocorre num contexto de operações psicológicas que podem não ter nada em comum com as operações psicológicas que acompanham a memória mediada; consequentemente, resultados experimentais poderiam dar a entender que algumas funções psicológicas são substituídas por outras. Em outras palavras, com uma mudança no nível de desenvolvimento, ocorre uma mudança não tanto na estrutura de uma função isolada (que poderia, no caso, ser a memória), mas, também, no caráter daquelas funções com a ajuda das quais ocorre o processo de lembrança; de fato, o que muda são as relações *interfuncionais* que conectam a memória a outras funções.

A memória de crianças mais velhas não é apenas diferente da memória de crianças mais novas; ela assume também um papel diferente na atividade cognitiva. A memória, em fases bem iniciais da infância, é uma das funções psicológicas centrais, em torno da qual se constroem todas as outras funções. Nossas análises sugerem que o ato de pensar na criança muito pequena é, em muitos aspectos, determinado pela sua memória e, certamente, não é igual à mesma ação em crianças maiores. Para crianças muito pequenas, pensar significa lembrar; em nenhuma outra fase, depois dessa muito inicial da infância, podemos ver a conexão íntima entre as duas funções psicológicas.

Darei, a seguir, três exemplos. O primeiro trata da definição de conceitos nas crianças, processo que está baseado nas suas lembranças. Se você pergunta a uma criança o que é um caracol, ela dirá que é pequeno, que se arrasta no chão, que sai da "casa"; se você lhe pergunta o que é uma avó, ela pode muito bem responder, "ela tem um colo macio". Em ambos os casos, a criança expressa um resumo muito claro das impressões deixadas nela pelo tema em questão, e que ela é capaz de lembrar. O conteúdo do ato de pensar na criança, quando da definição de tais conceitos, é determinado não tanto pela estrutura lógica do conceito em si, como o é pelas suas lembranças concretas. Quanto a seu caráter, ele é sincrético e reflete o fato de o pensar da criança depender, antes de mais nada, de sua memória.

Um outro exemplo trata do desenvolvimento de conceitos visuais na criança muito pequena. Pesquisas sobre o ato de pensar tal como ocorre em crianças quando são solicitadas a transpor uma relação aprendida com determinado conjunto de estímulos para um outro conjunto similar, mostraram que esse processo de transferência se dá, nada mais nada menos, através da lembrança de exemplos isolados. As suas representações gerais do mundo baseiam-se na lembrança de exemplos concretos, não possuindo, ainda, o caráter de uma abstração[7].

O último exemplo tem a ver com a análise do significado das palavras. Pesquisas nessa área mostram que as associações que estão por trás das palavras são fundamentalmente diferentes conforme se trate de crianças pequenas ou de adultos. Os conceitos das crianças estão associados a uma série de exemplos e são construídos de maneira semelhante àquela pela qual representamos os nomes de classes de elementos. Emitir palavras,

....

7. Ver H. Werner, *Comparative Psychology of Mental Development*, Nova Iorque, Science Editions, 1961, pp. 216 ss.

para as crianças, não é tanto indicar conceitos conhecidos como é nomear classes conhecidas ou grupos de elementos visuais relacionados entre si por certas características visualmente comuns. Dessa forma, a experiência da criança e a influência "não mediada" dessa experiência estão registradas na sua memória e determinam diretamente toda a estrutura do pensamento da criança pequena.

Todos esses fatos sugerem que, do ponto de vista do desenvolvimento psicológico, a memória, mais do que o pensamento abstrato, é característica definitiva dos primeiros estágios do desenvolvimento cognitivo. Entretanto, ao longo do desenvolvimento ocorre uma transformação, especialmente na adolescência. Pesquisas sobre a memória nessa idade mostraram que no final da infância as relações interfuncionais envolvendo a memória invertem sua direção. *Para as crianças, pensar significa lembrar; no entanto, para o adolescente, lembrar significa pensar.* Sua memória está tão "carregada de lógica" que o processo de lembrança está reduzido a estabelecer e encontrar relações lógicas; o reconhecer passa a considerar em descobrir aquele elemento que a tarefa exige que seja encontrado.

Essa logicização é indicativa de como as relações entre as funções cognitivas mudam no curso do desenvolvimento. Na idade de transição, todas as ideias e conceitos, todas as estruturas mentais, deixam de ser organizadas de acordo com os tipos de classes e tornam-se organizadas como conceitos abstratos.

Não há dúvida de que lembrar de um elemento isolado, pensando em conceitos, é completamente diferente de pensar em elementos complexos, embora sejam processos compatíveis[8]. Portanto, o desenvolvimento da memória das crianças deve ser estudado não somente com respeito às mudanças que ocorrem dentro do próprio sistema de memória mas, também, com respeito à relação entre memória e outras funções.

Quando uma pessoa ata um nó no lenço para ajudá-la a lembrar de algo, ela está, essencialmente, construindo o proces-

....
8. Ver Vigotski, *Pensamento e linguagem*, capítulo 6, para uma discussão maior sobre esta distinção.

so de memorização, fazendo com que um objeto externo relembre-a de algo; ela transforma o processo de lembrança numa atividade externa. Esse fato, por si só, é suficiente para demonstrar a característica fundamental das formas superiores de comportamento. Na forma elementar alguma coisa é lembrada; na forma superior os seres humanos lembram alguma coisa. No primeiro caso, graças à ocorrência simultânea de dois estímulos que afetam o organismo, um elo temporário é formado; no segundo caso, os seres humanos, por si mesmos, criam um elo temporário através de uma combinação artificial de estímulos.

A verdadeira essência da memória humana está no fato de os seres humanos serem capazes de lembrar ativamente com a ajuda de signos. Poder-se-ia dizer que a característica básica do comportamento humano em geral é que os próprios homens influenciam sua relação com o ambiente e, através desse ambiente, pessoalmente modificam seu comportamento, colocando-o sob seu controle. Tem sido dito que a verdadeira essência da civilização consiste na construção propositada de monumentos para não esquecer fatos históricos. Em ambos os casos, do nó e do monumento, temos manifestações do aspecto mais fundamental e característico que distingue a memória humana da memória dos animais.

Capítulo 4
Internalização das funções psicológicas superiores

Ao comparar os princípios reguladores dos reflexos condicionados e incondicionados, Pavlov usa o exemplo de uma ligação telefônica. Uma possibilidade é que a ligação telefônica seja completada pela conexão de dois pontos, diretamente, via uma linha especial. Isso corresponde a um reflexo incondicionado. A outra possibilidade é que a ligação se complete através de uma estação central especial, com o auxílio de conexões temporárias e de variabilidades sem limites. Isso corresponde a um reflexo condicionado. O córtex cerebral, sendo o órgão que completa os circuitos do reflexo condicionado, cumpre o papel dessa estação central especial.

A mensagem fundamental da nossa análise dos processos subjacentes à criação de signos (signalização) poderia ser expressa por uma forma mais generalizada da mesma metáfora. Tomemos os exemplos de atar um nó para ajudar a lembrar de algo ou um sorteio casual como meio de tomar uma decisão. Não há dúvida de que, em ambos os casos, forma-se uma associação condicionada temporária, ou seja, uma associação do segundo tipo de Pavlov. Mas, se queremos apreender os aspectos essenciais do que está se passando aqui, somos forçados a considerar não somente a função do mecanismo telefônico mas, também, a função da telefonista que manipula os conectores e, assim, completa a ligação. No nosso exemplo, a associação foi estabelecida pela pessoa que atou o nó. Esse é o aspecto que distingue as formas superiores de comportamento das formas inferiores. A invenção e o uso de signos como meios auxiliares para solucionar um dado problema psicológico (lembrar, comparar coisas, relatar, escolher etc.) é análoga à invenção e uso de instrumentos, só que agora no campo psicológico. O signo age como um instrumento da atividade psicológica de maneira análoga ao papel de um instrumento no trabalho. Mas essa analogia, como qualquer outra, não implica uma identidade desses conceitos similares. Não devemos esperar encontrar *muitas* semelhanças entre os instrumentos e aqueles meios de adaptação que chamamos signos. E, mais ainda, além dos aspectos similares e comuns partilhados pelos dois tipos de atividade, vemos diferenças fundamentais. Gostaríamos, aqui, de ser o mais precisos possível. Apoiando-se no significado figurativo do tempo, alguns psicólogos usaram a palavra "instrumento" ao referir-se à função indireta de um objeto como meio para se realizar alguma atividade. Expressões como "a língua é o instrumento do pensamento" ou *"aides de memoire"* são, comumente, desprovidas de qualquer conteúdo definido e quase nunca significam mais do que aquilo que elas realmente são: simples metáforas e maneiras mais interessantes de expressar o fato de certos objetos ou operações terem um papel auxiliar na atividade psicológica.

Por outro lado, tem havido muitas tentativas de dar a tais expressões um significado literal, igualando o signo com o instrumento. Fazendo desaparecer a distinção fundamental entre eles, essa abordagem faz com que se percam características de cada tipo de atividade, deixando-nos com uma única forma de determinação psicológica geral. Essa é a posição assumida por Dewey, um dos representantes do pragmatismo. Ele considera a língua como o instrumento dos instrumentos, transpondo a definição de Aristóteles da mão humana para a fala.

Eu gostaria de deixar claro que a analogia entre signo e instrumento proposta por mim é diferente das duas abordagens discutidas acima. O significado incerto e indistinto que comumente se depreende do uso figurativo da palavra "instrumento" não facilita em nada a tarefa do pesquisador. Sua tarefa é a de pôr às claras as relações reais, não as figurativas, que existem entre o comportamento e seus meios auxiliares. Deveríamos entender que pensamento ou memória são análogos à atividade externa? Teriam os meios de atividade simplesmente o papel indefinido de embasar os processos psicológicos? Qual é a natureza desse suporte? O que significa, em geral, ser um "meio" de pensamento ou de memória? Os psicólogos que tanto se comprazem em usar essas expressões confusas não nos fornecem as respostas a essas questões.

Mas a posição dos psicólogos que conferem àquelas expressões significado literal chega a ser muito mais geradora de confusão. Conceitos aparentemente psicológicos, mas que realmente não pertencem à psicologia – como "técnica" –, são "psicologizados" sem embasamento absolutamente nenhum. Só é possível igualar fenômenos psicológicos e não psicológicos na medida em que se ignora a essência de cada forma de atividade, além das diferenças entre suas naturezas e papéis históricos. As distinções entre os instrumentos como um meio de trabalho para dominar a natureza e a linguagem como um meio de interação social dissolvem-se no conceito geral de artefatos ou adaptações artificiais.

Nosso propósito é entender o papel comportamental do signo em tudo aquilo que ele tem de característico. Esse objetivo motivou nossos estudos empíricos para saber como os usos de instrumentos e signo estão mutuamente ligados, ainda que separados, no desenvolvimento cultural da criança. Admitimos três condições como ponto de partida para esse trabalho. A primeira está relacionada à analogia e pontos comuns aos dois tipos de atividade; a segunda esclarece suas diferenças básicas; e a terceira tenta demonstrar o elo psicológico real existente entre uma e outra, ou pelo menos dar um indício de sua existência.

Como já analisamos, a analogia básica entre signo e instrumento repousa na função mediadora que os caracteriza. Portanto, eles podem, a partir da perspectiva psicológica, ser incluídos na mesma categoria. Podemos expressar a relação lógica entre o uso de signos e o de instrumentos usando o esquema da Figura 4, que mostra esses conceitos incluídos dentro do conceito mais geral de atividade indireta (mediada).

```
        Atividade mediada
         /           \
      Signo         Instr.
```

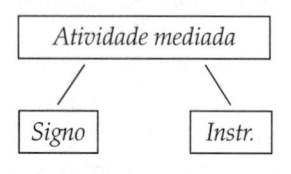

Figura 4

Esse conceito, muito corretamente, foi investido do mais amplo significado geral por Hegel, que viu nele um aspecto característico da razão humana: "A razão", ele escreveu, "é tão engenhosa quanto poderosa. A sua engenhosidade consiste principalmente em sua atividade mediadora, a qual, fazendo com que os objetos ajam e reajam uns sobre os outros, respeitando sua própria natureza e, assim, sem nenhuma interferência direta no processo, realiza as intenções da razão."[1] Marx cita esta definição quando fala dos instrumentos de trabalho para mostrar que os homens "usam as propriedades mecânicas, físicas e químicas dos objetos, fazendo-os atingir como forças que afetam outros objetos no sentido de atingir seus objetivos pessoais"[2].

Essa análise fornece uma base sólida para que se designe o uso de signos à categoria de atividade mediada, uma vez que a essência do seu uso consiste em os homens afetarem o seu comportamento através dos signos. A função indireta (mediada), em ambos os casos, torna-se evidente. Não especificarei com maiores detalhes a relação entre esses dois conceitos ou a sua relação com o conceito mais genérico de atividade mediada. Gostaria somente de assinalar que nenhum deles pode, sob qualquer cir-

....
1. G. Hegel, "Encyklopadie, Erster Teil, Die Logik", Berlim, 1840, p. 382, mencionado por K. Marx, *O capital*.
2. Marx, *O capital*.

cunstância, ser considerado isomórfico com respeito às funções que realizam, tampouco podem ser vistos como exaurindo *completamente* o conceito de atividade mediada. Poder-se-iam arrolar várias outras atividades mediadas; a atividade cognitiva não se limita ao uso de instrumentos ou signos.

No plano puramente lógico da relação entre os dois conceitos, nosso esquema representa os dois meios de adaptação como linhas divergentes da atividade mediada. Essa divergência é a base da segunda das nossas três condições iniciais. A diferença mais essencial entre signo e instrumento, e a base da divergência real entre as duas linhas, consiste nas diferentes maneiras com que eles orientam o comportamento humano. A função do instrumento é servir como um condutor da influência humana sobre o objeto da atividade; ele é orientado *externamente*; deve necessariamente levar a mudanças nos objetos. Constitui um meio pelo qual a atividade humana externa é dirigida para o controle e domínio da natureza. O signo, por outro lado, não modifica em nada a objeto da operação psicológica. Constitui um meio da atividade interna dirigido para o controle do próprio indivíduo; o signo é orientado *internamente*. Essas atividades são tão diferentes uma da outra, que a natureza dos meios por elas utilizados não pode ser a mesma.

Finalmente, o terceiro ponto trata da ligação real entre essas atividades e, por isso, trata da ligação real de seus desenvolvimentos na filogênese e na ontogênese. O controle da natureza e o controle do comportamento estão mutuamente ligados, assim como a alteração provocada pelo homem sobre a natureza altera a própria natureza do homem. Na filogênese, podemos reconstruir uma ligação através de evidências documentais fragmentadas, porém convincentes, enquanto na ontogênese podemos traçá-la experimentalmente.

Uma coisa já é certa. Da mesma forma como o primeiro uso de instrumentos refuta a noção de que o desenvolvimento representa o mero desdobrar de um sistema de atividade organicamente predeterminado da criança, o primeiro uso de signos demonstra que não pode existir, para cada função psicológica, um único sistema interno de atividade organicamente predeterminado. O uso de meios artificiais – a transição para a atividade mediada – muda, fundamentalmente, todas as operações psicológicas, assim como o uso de instrumentos amplia de forma ilimitada a gama de atividades em cujo interior as novas funções psicológicas podem operar. Nesse contexto, podemos usar o termo função psicológica *superior* ou *comportamento superior* com referência à combinação entre o instrumento e o signo na atividade psicológica.

Descrevemos, até agora, várias fases das operações com o uso de signos. Na fase inicial o esforço da criança depende, de forma crucial, dos signos externos. Através do desenvolvimento, porém, essas operações sofrem mudanças radicais: a operação da atividade mediada (por exemplo, a memorização) como um todo começa a ocorrer como um processo puramente interno. Paradoxalmente, os últimos estágios do comportamento da criança assemelham-se aos primeiros estágios de memorização, que caracterizavam-se por um processo direto. A criança muito pequena depende de meios externos; em vez disso, ela usa uma abordagem "natural", "eidética". Julgando somente pelas aparências externas, parece que a criança mais velha começou, simplesmente, a memorizar mais e melhor; ou seja, que ela, de alguma maneira, aperfeiçoou e desenvolveu seus velhos métodos de memorização. Nos níveis mais superiores, parece que ela deixou de ter qualquer dependência em relação aos signos. Entretanto, essa aparência é apenas ilusória. O desenvolvimento, neste caso, como frequentemente acontece, se dá não em círculo, mas em espiral, passando por um mesmo ponto a cada nova revolução, enquanto avança para um nível superior.

Chamamos de *internalização* a reconstrução interna de uma operação externa. Um bom exemplo desse processo pode ser encontrado no desenvolvimento do gesto de apontar. Inicialmente, esse gesto não é nada mais do que uma tentativa sem sucesso de pegar alguma coisa, um movimento dirigido para um certo objeto, que desencadeia a atividade de aproximação. A criança tenta pegar um objeto colocado além de seu alcance; suas mãos, esticadas em direção àquele objeto, permanecem paradas no ar. Seus dedos fazem movimentos que lembram o pegar. Nesse estágio inicial, o apontar é representado pelo movimento da criança, movimento este que faz parecer que a criança está apontando um objeto – nada mais que isso. Quando a mãe vem em ajuda da criança e nota que o seu movimento indica alguma coisa, a situação muda fundamentalmente. O apontar torna-se um gesto para os outros. A tentativa malsucedida da criança engendra uma reação, não do objeto que ela procura, *mas de uma outra pessoa*. Consequentemente, o significado primário daquele movimento malsucedido de pegar é estabelecido por outros. Somente mais tarde, quando a criança pode associar o seu movimento à situação objetiva como um todo, é que ela, de fato, começa a compreender esse movimento como um gesto de apontar. Nesse momento, ocorre uma mudança naquela função do movimento: de um movimento orientado pelo objeto, torna-se um movimento dirigido para uma outra pessoa, um meio de estabelecer relações. *O movimento de pegar transforma-se no ato de apontar*. Como consequência dessa mudança, o próprio movimento é, então, fisicamente simplificado, e o que resulta é a forma de apontar que podemos chamar de um verdadeiro gesto. De fato, ele só se torna um gesto verdadeiro após manifestar objetivamente para os outros todas as funções do apontar e ser entendido também pelos outros como tal gesto. Suas funções e seu significado são criados, a princípio, por uma situação objetiva, e depois, pelas pessoas que circundam a criança.

Como a descrição do apontar ilustra, o processo de internalização consiste numa série de transformações.

a) *Uma operação que inicialmente representa uma atividade externa é reconstruída e começa a ocorrer internamente*. É de particular importância para o desenvolvimento dos processos mentais superiores a transformação da atividade que utiliza signos, cuja história e características são ilustradas pelo desenvolvimento da inteligência prática, da atenção voluntária e da memória.

b) *Um processo interpessoal é transformado num processo intrapessoal*. Todas as funções no desenvolvimento da criança aparecem duas vezes: primeiro, no nível social, e, depois, no nível individual; primeiro, *entre* pessoas (*interpsicológica*), e, depois, *no interior da* criança (*intrapsicológica*). Isso se aplica igualmente para a atenção voluntária, para memória lógica e para formação de conceitos. Todas as funções superiores originam-se das relações reais entre indivíduos humanos.

c) *A transformação de um processo interpessoal num processo intrapessoal é o resultado de uma longa série de eventos ocorridos ao longo do desenvolvimento.* O processo, sendo transformado, continua a existir e a mudar como uma forma externa de atividade por um longo período de tempo, antes de internalizar-se definitivamente. Para muitas funções, o estágio de signos externos dura para sempre, ou seja, é o estágio final do desenvolvimento. Outras funções vão além no seu desenvolvimento, tornando-se gradualmente funções interiores. Entretanto, elas somente adquirem o caráter de processos internos como resultado de um desenvolvimento prolongado. Sua transferência para dentro está ligada a mudanças nas leis que governam sua atividade; elas são incorporadas em um novo sistema com suas próprias leis.

A internalização de formas culturais de comportamento envolve a reconstrução da atividade psicológica tendo como base as operações com signos. Os processos psicológicos, tal como aparecem nos animais, realmente deixam de existir, são incorporados nesse sistema de comportamento e são culturalmente reconstituídos e desenvolvidos para formar uma nova entidade psicológica. O uso de signos externos é também reconstruído radicalmente. As mudanças nas operações com signos durante o desenvolvimento são semelhantes àquelas que ocorrem na linguagem. Aspectos tanto da fala externa ou comunicativa como da fala egocêntrica "interiorizam-se", tornando-se a base da fala interior.

A internalização das atividades socialmente enraizadas e historicamente desenvolvidas constitui o aspecto característico da psicologia humana; é a base do salto quantitativo da psicologia animal para a psicologia humana. Até agora, conhece-se apenas um esboço desse processo.

Capítulo 5
Problemas de método

Em geral, qualquer abordagem fundamentalmente nova de um problema científico leva, inevitavelmente, a novos métodos de investigação e análise. A criação de novos métodos, adequados às novas maneiras de colocar os problemas, requer muito mais do que uma simples modificação dos métodos previamente aceitos. Com respeito a isso, a experimentação psicológica contemporânea não constitui exceção; seus métodos sempre refletiram a maneira pela qual os problemas psicológicos fundamentais eram vistos e resolvidos. Portanto, nossa crítica das visões correntes da natureza essencial e o desenvolvimento dos processos psicológicos devem, inevitavelmente, resultar num reexame dos métodos de pesquisa.

Apesar da grande diversidade dos detalhes de procedimento, virtualmente todos os experimentos psicológicos baseiam-se no que chamaremos de uma *estrutura* estímulo-resposta. Com isso queremos dizer que, independentemente do processo psicológico em discussão, o psicólogo procura confrontar o sujeito com algum tipo de situação-estímulo planejada para influenciá-lo de determinada maneira e, então, examinar e analisar a(s) resposta(s) eliciada(s) por aquela situação estimuladora. Afinal de contas, a verdadeira essência da experimentação é evocar o fenômeno em estudo de uma maneira artificial (e, portanto, controlável) e estudar as variações nas respostas que ocorrem, em relação às várias mudanças nos estímulos.

A princípio poderia parecer que várias escolas psicológicas não concordariam de maneira nenhuma com essa metodologia. A psicologia objetiva de Watson, Bekhterev, e outros, por exemplo, foi elaborada em oposição às teorias subjetivas de Wundt e da escola de Wurzburg. Porém, um exame mais detalhado das diferenças entre as escolas psicológicas revela que tais diferenças surgem da *interpretação teórica* dada pelos psicólogos às consequências de várias situações estimuladoras e não de variações na abordagem metodológica geral com que as observações são feitas.

A confiabilidade na estrutura estímulo-resposta é um aspecto óbvio daquelas escolas de psicologia cujas teorias e experimentos baseiam-se em interpretações do tipo estímulo-resposta do comportamento. A teoria pavloviana, por exemplo, utilizou a noção de excitação cortical induzida por vários estímulos para explicar a formação de conexões cerebrais que tornam o organismo capaz de aprender a responder a estímulos até então neutros. Parece menos óbvio que exatamente a mesma estrutura se aplique à psicologia introspectiva, uma vez que, neste caso, estrutura e teoria parecem não coincidir. Entretanto, tomando Wundt como exemplo, observamos que é a estrutura estímulo-resposta que dá o contexto dentro do qual o teórico-experimentador pode obter descrições dos processos que, presume-se, teriam sido eliciados pelos estímulos.

A adoção da estrutura estímulo-resposta pela psicologia introspectiva nos idos de 1880 foi para a psicologia um avanço revolucionário, uma vez que a trouxe para mais perto do método e espírito das ciências naturais e preparou o caminho para as abordagens psicológicas objetivas que se seguiram. No entanto, afirmar que a psicologia introspectiva e a objetiva compartilham uma estrutura metodológica comum não implica, de maneira alguma, que não haja diferenças importantes entre elas. Enfatizo sua estrutura metodológica comum porque o seu reconhecimento ajuda-nos a apreciar o fato de que a psicologia introspectiva teve suas raízes no solo firme das ciências naturais, e que os processos psicológicos têm sido entendidos há muito tempo dentro de um contexto reativo. Também é importante notar que o método experimental foi pela primeira vez formulado pelos psicólogos introspectivos, naquelas áreas da psicofísica e psicofisiologia que tratam dos fenômenos psicológicos mais simples, os quais podem, de forma plausível, ser interpretados como ligados direta e univocamente a agentes externos. Wundt, por exemplo, viu a verdadeira essência do método psicológico no fato de alterações sistemáticas dos estímulos gerarem mudanças no processo psicológico ligado a eles. Ele procurou registrar da maneira mais objetiva possível as manifestações externas desses processos internos, que para ele eram os relatos introspectivos do sujeito.

Ao mesmo tempo, é importante ter em mente que, para Wundt, o estímulo e a resposta tinham unicamente a função de criar a estrutura dentro da qual eventos importantes – os processos psicológicos – poderiam ser estudados de maneira confiável e controlada. Os relatos introspectivos constituíam a evidência primordial da natureza desses processos – uma interpretação não compartilhada pelos pesquisadores que surgiram mais tarde.

A nossa abordagem da estrutura básica da experimentação psicológica tal como é praticada por Wundt implica limitações na sua aplicação: tal experimentação só foi considerada adequada ao estudo dos processos elementares com características psicofisiológicas. As funções psicológicas superiores não admitiam estudos desse tipo, permanecendo assim um livro fechado, pelo menos no que se refere à psicologia experimental. Se lembrarmos os tipos de experimentação sobre o desenvolvimento cognitivo das crianças que caracterizaram as pesquisas recapituladas nos primeiros capítulos deste livro, poderemos facilmente entender por que aqueles pesquisadores concentraram-se nas funções psicológicas elementares; essa limitação é um aspecto intrínseco ao método experimental tal como era geralmente aceito na psicologia. Wundt compreendeu e aceitou esse fato, razão pela qual evitou os estudos *experimentais* das funções psicológicas superiores.

A partir do que foi dito, deve estar claro que uma estrutura estímulo-resposta para a construção de observações experimentais *não pode* servir como base para o estudo adequado das formas superiores, especificamente humanas, de comportamento. Na melhor das hipóteses, ela pode somente nos ajudar a registrar a existência de formas subordinadas, inferiores, as quais não contêm a essência das formas superiores. Usando os métodos correntes, só podemos determinar variações quantitativas na complexidade dos estímulos e nas respostas de diferentes animais e seres humanos em diversos estágios de desenvolvimento.

Baseado na abordagem materialista dialética da análise da história humana, acredito que o comportamento humano difere qualitativamente do comportamento animal, na mesma extensão em que diferem a adaptabilidade e desenvolvimento dos animais. O desenvolvimento psicológico dos homens é parte do desenvolvimento histórico geral de nossa espécie e assim deve ser entendido. A aceitação dessa proposição significa termos de encontrar uma nova metodologia para a experimentação psicológica.

O elemento-chave do nosso método, que eu tentarei descrever analiticamente nas seções seguintes, decorre diretamente do contraste estabelecido por Engels entre as abordagens naturalística e dialética para a compreensão da história humana. Segundo Engels, o naturalismo na análise histórica manifesta-se pela suposição de que somente a natureza afeta os seres humanos e de que somente as condições naturais são os determinantes do desenvolvimento histórico. A abordagem dialética, admitindo a influência da natureza sobre o homem, afirma que o homem, por sua vez, age sobre a natureza e cria, através das mudanças nela provocadas, novas condições naturais para sua existência[1]. Essa posição representa o elemento-chave de nossa abordagem do estudo e interpretação das funções psicológicas

....

1. Engels, *Dialectics of Nature*, p. 172.

superiores do homem e serve como base dos novos métodos de experimentação e análise que defendemos.

Todos os métodos do tipo estímulo-resposta partilham da inadequalidade que Engels atribui à abordagem naturalística da história. Nota-se em ambos que a relação entre comportamento e natureza é unidirecionalmente reativa. Entretanto, eu e meus colaboradores acreditamos que o comportamento humano tem aquela "reação transformadora sobre a natureza" que Engels atribui aos instrumentos. Portanto, temos de procurar métodos adequados à nossa concepção. Conjuntamente com os novos métodos, necessitamos também de uma nova estrutura analítica.

Tenho enfatizado que o objetivo básico da nossa pesquisa é fornecer uma análise das formas superiores de comportamento, mas a situação na psicologia contemporânea é tal que o problema da análise em si mesmo deve ser discutido se quisermos que nossa abordagem seja generalizada para além dos exemplos específicos apresentados.

Três princípios formam a base de nossa abordagem na análise das funções psicológicas superiores.

Analisar processos, e não objetos. O primeiro princípio leva-nos a distinguir entre a análise de um objeto e a análise de um processo. Segundo Koffka, a análise psicológica quase sempre tratou os processos como objetos estáveis e fixos. A tarefa da análise consistia simplesmente em separá-los nos seus elementos componentes. A análise psicológica de objetos deve ser diferenciada da análise de processos, a qual requer uma exposição dinâmica dos principais pontos constituintes da história dos processos. Consequentemente, a psicologia do desenvolvimento, e não a psicologia experimental, é que fornece a abordagem da análise que necessitamos. Assim como Werner, estamos defendendo a abordagem do desenvolvimento como um adendo essencial à psicologia experimental[2]. Qualquer processo

....

2. H. Werner, *The Comparative Psychology of Mental Development*, Nova Iorque, International Universities Press, 1948.

psicológico, seja o desenvolvimento do pensamento ou do comportamento voluntário, é um processo que sofre mudanças a olhos vistos. O desenvolvimento em questão pode limitar-se a poucos segundos somente, ou mesmo frações de segundos (como no caso da percepção normal). Pode também (como no caso dos processos mentais complexos) durar muitos dias e mesmo semanas. Sob certas condições, torna-se possível seguir esse desenvolvimento. O trabalho de Werner fornece um exemplo de como uma abordagem do desenvolvimento pode ser aplicada à pesquisa experimental. Usando tal abordagem, pode-se, em condições de laboratório, provocar o desenvolvimento.

Nosso método pode ser chamado de método "desenvolvimento-experimental", no sentido de que provoca ou cria artificialmente um processo de desenvolvimento psicológico. Essa abordagem também é apropriada ao objetivo básico da análise dinâmica. Se substituímos a análise do objeto pela análise de processo, então a tarefa básica da pesquisa obviamente se torna uma reconstrução de cada estágio no desenvolvimento do processo: deve-se fazer com que o processo retorne aos seus estágios iniciais.

Explicação *versus* descrição. Na psicologia introspectiva e associacionista, a análise consiste, essencialmente, numa descrição e não numa explicação como nós a entendemos. A mera descrição não revela as relações dinâmico-causais reais subjacentes ao fenômeno.

K. Lewin diferencia a análise fenomenológica, que se baseia em características externas (fenótipos), daquilo que chamamos análise genotípica, através da qual um fenômeno é explicado com base na sua origem e não na sua aparência externa[3]. A diferença entre esses dois pontos de vista pode ser elucidada por qualquer exemplo biológico. Uma baleia, do ponto de vista de sua aparência externa, situa-se mais próxima dos peixes do que dos mamíferos; mas, quanto à sua natureza biológica,

....

3. K. Lewin, *A Dynamic Theory of Personality*, Nova Iorque, McGraw-Hill, 1935.

está mais próxima de uma vaca ou de um veado do que de uma barracuda ou de um tubarão. Baseando-nos em Lewin, podemos aplicar à psicologia essa distinção entre os pontos de vista fenotípico (descritivo) e genotípico (explicativo). Quando me refiro a estudar um problema sob o ponto de vista do desenvolvimento, quero dizer revelar um problema sob o ponto de vista do desenvolvimento, quero dizer revelar a sua gênese e suas bases dinâmico-causais. Por análise fenotípica entendo a que começa diretamente pelas manifestações e aparências comuns de um objeto. É possível dar muitos exemplos, em psicologia, de sérios erros causados pela confusão entre esses dois pontos de vista. Em nosso estudo do desenvolvimento da fala, enfatizamos a distinção entre similaridades fenotípicas e genotípicas.

Quanto a seus aspectos externos, descritivos, as primeiras manifestações da fala na criança de um ano e meio a dois anos são similares à fala do adulto. Com base nessas similaridades, pesquisadores sérios, como Stern, concluíram que, em essência, a criança de 18 meses já está consciente da relação entre signo e significado[4]. Em outras palavras, ele classifica na mesma categoria fenômenos que não têm absolutamente nada em comum do ponto de vista do desenvolvimento. Por outro lado, a fala egocêntrica – que, em suas manifestações externas, difere essencialmente da fala interior – deve ser, do ponto de vista do desenvolvimento, classificada em conjunto com a fala interior.

Nossa pesquisa da fala de crianças pequenas leva-nos ao princípio básico formulado por Lewin: dois processos fenotipicamente idênticos ou similares podem ser radicalmente diferentes em seus aspectos dinâmico-causais e, vice-versa, dois processos muito próximos quanto à sua grandeza dinâmico-causal podem ser muito diferentes fenotipicamente.

Eu disse que a abordagem fenotípica categoriza os processos de acordo com suas similaridades externas. Marx[5] comentou

----

4. Stern, *Psychology of Early Childhood*.

5. As referências bibliográficas não são citadas, mas em outros escritos Vigotski cita extensivamente *O capital*, vol. 1.

de forma mais geral a abordagem fenotípica, quando afirmou que "se a essência dos objetos coincidisse com a forma de suas manifestações externas, então, toda ciência seria supérflua" – uma observação extremamente razoável. Se todos os objetos fossem fenotípica e genotipicamente equivalentes (isto é, se os verdadeiros princípios de sua construção e operação fossem expressos por suas manifestações externas), então, a experiência do dia a dia seria plenamente suficiente para substituir a análise científica. Tudo o que vimos teria sido sujeito do conhecimento científico.

Na realidade, a psicologia nos ensina a cada instante que, embora dois tipos de atividades possam ter a mesma manifestação externa, a sua natureza pode diferir profundamente, seja quanto à sua origem ou à sua essência. Nesses casos são necessários meios especiais de análise científica para pôr a nu as diferenças internas escondidas pelas similaridades externas. A tarefa da análise é revelar essas relações. Nesse sentido, a análise científica real difere radicalmente da análise introspectiva subjetiva, que pela sua natureza não pode esperar ir além da pura descrição. O tipo de análise objetiva que defendemos procura mostrar a essência dos fenômenos psicológicos em vez de suas características perceptíveis.

Não estamos interessados na descrição da experiência imediata eliciada, por exemplo, por um lampejo luminoso, tal como ela nos é revelada pela análise introspectiva; em vez disso, procuramos entender as ligações reais entre os estímulos externos e as respostas internas que são a base das formas superiores de comportamento, apontadas pelas descrições introspectivas. Assim, para nós, a análise psicológica rejeita descrições nominais, procurando, em vez disso, determinar as relações dinâmico-causais. Entretanto, tal explicação seria também impossível se ignorássemos as manifestações externas das coisas. Necessariamente, a análise objetiva inclui uma explicação científica tanto das manifestações externas quanto do processo em estudo. A análise não se limita a uma perspectiva do desenvolvimento. Ela não rejeita a explicação das idiossincrasias fenotípicas correntes, mas, ao contrário, subordina-as à descoberta de sua origem real.

O problema do "comportamento fossilizado". O terceiro princípio básico de nossa abordagem analítica fundamenta-se no fato de que, em psicologia, defrontamo-nos frequentemente com processos que esmaeceram ao longo do tempo, isto é, processos que passaram através de um estágio bastante longo do desenvolvimento histórico e tornaram-se fossilizados. Essas formas fossilizadas de comportamento são mais facilmente observadas nos assim chamados processos psicológicos automatizados ou mecanizados, os quais, dadas as suas origens remotas, estão agora sendo repetidos pela enésima vez e tornaram-se mecanizados. Eles perderam sua aparência original, e a sua aparência externa nada nos diz sobre a sua natureza interna. Seu caráter automático cria grandes dificuldades para a análise psicológica.

Os processos que tradicionalmente têm sido descritos como atenções voluntária e involuntária constituem um exemplo elementar que demonstra como processos essencialmente diferentes adquirem similaridades externas em consequência dessa automação. Do ponto de vista do desenvolvimento, esses dois processos diferem profundamente. Mas na psicologia experimental considera-se um fato, tal como formulou Titchener[6], que a atenção voluntária, uma vez estabelecida, funciona exatamente como a atenção involuntária. Segundo Titchener, a atenção "secundária" transforma-se constantemente em atenção "primária". Uma vez tendo descrito e diferenciado os dois tipos de atenção, Titchener diz: "Existe, entretanto, um terceiro estágio no desenvolvimento da atenção, e ele nada mais é do que um retorno ao primeiro estágio". O último e mais alto estágio no desenvolvimento de qualquer processo pode demonstrar uma semelhança puramente fenotípica com os primeiros estágios ou estágios primários e, se adotamos uma abordagem fenotípica, torna-se impossível distinguir as formas inferiores das formas superiores desse processo. A única maneira de estudar esse

----

6. E. Titchener, *Livro-texto de psicologia*, Moscou, 1914.

terceiro e mais alto estágio no desenvolvimento da atenção é entendê-lo em todas as suas idiossincrasias e diferenças. Em resumo, precisamos compreender sua origem. Consequentemente, precisamos concentrar-nos não no *produto* do desenvolvimento, mas no próprio *processo* de estabelecimento das formas superiores. Para isso, o pesquisador é frequentemente forçado a alterar o caráter automático, mecanizado e fossilizado das formas superiores de comportamento, fazendo-as retornar à sua origem através do experimento. Esse é o objetivo da análise dinâmica.

As funções rudimentares, inativas, permanecem não como remanescentes vivos da evolução biológica, mas como remanescentes do desenvolvimento histórico do comportamento. Consequentemente, o estudo das funções rudimentares deve ser o ponto de partida para o desenvolvimento de uma perspectiva histórica nos experimentos psicológicos. É aqui que o passado e o presente se fundem, e o presente é visto à luz da história. Aqui nos encontramos simultaneamente em dois planos: aquele que é, e aquele que foi. A forma fossilizada é o final de uma linha que une o presente ao passado, os estágios superiores do desenvolvimento aos estágios primários.

O conceito de uma psicologia historicamente fundamentada é mal-interpretado pela maioria dos pesquisadores que estudam o desenvolvimento da criança. Para eles, estudar alguma coisa historicamente significa, por definição, estudar algum evento do passado. Por isso, eles sinceramente imaginam existir uma barreira intransponível entre o estudo histórico e o estudo das formas comportamentais presentes. *Estudar alguma coisa historicamente significa estudá-la no processo de mudança*: esse é o requisito básico do método dialético. Numa pesquisa, abranger o processo de desenvolvimento de determinada coisa, em todas as suas fases e mudanças – do nascimento à morte –, significa, fundamentalmente, descobrir sua natureza, sua essência, uma vez que "é somente em movimento que um corpo mostra o que é". Assim, o estudo histórico do comportamento não é um aspecto auxiliar do estudo teórico, mas sim sua verdadeira base. Como afirmou P. P. Blonsky, "o comportamento só pode ser entendido como a história do comportamento"[7].

A procura de um método torna-se um dos problemas mais importantes de todo empreendimento para a compreensão das formas caracteristicamente humanas de atividade psicológica. *Nesse caso, o método é, ao mesmo tempo, pré-requisito e produto, o instrumento e o resultado do estudo.*

Em resumo, então, o objetivo e os fatores essenciais da análise psicológica são os seguintes: (1) uma análise do processo em oposição a uma análise do objeto; (2) uma análise que revela as relações dinâmicas ou causais, reais, em oposição à enumeração das características externas de um processo, isto é, uma análise explicativa e não descritiva; e (3) uma análise do desenvolvimento que reconstrói todos os pontos e faz retornar à origem o desenvolvimento de determinada estrutura. O resultado do desenvolvimento não será uma estrutura puramente psicológica, como a psicologia descritiva considera ser, nem a simples soma de processos elementares, como considera a psicologia associacionista, e sim uma forma qualitativamente nova que aparece no processo de desenvolvimento.

A psicologia das respostas de escolha complexas

Para ilustrar as abordagens contrastantes da análise psicológica, discutirei, com algum detalhe, duas análises diferentes de uma mesma tarefa. Na tarefa que escolhi, o indivíduo encontra-se diante de um ou mais estímulos (em geral, visuais ou auditivos). A resposta requerida difere de acordo com o número de estímulos e o interesse do pesquisador: algumas abordagens procuram decompor a reação numa série de processos elementares, cujas durações podem ser somadas e subtraídas para estabelecer as leis de sua combinação; outras procuram descre-

....
7. P. P. Blonsky, *Essays in Scientific Psychology*, Moscou, Casa de Publicações do Governo, 1921.

ver a reação emocional do sujeito quando ele responde ao estímulo. Em ambos os casos, usam-se como dados básicos as análises introspectivas que os próprios sujeitos fazem de suas respostas. Nesses experimentos, a inadequação das formulações até então usadas ilustram, de forma útil, os nossos princípios analíticos básicos[8].

É também característico dessas análises que respostas simples e complexas sejam distinguidas, primariamente, de acordo com a complexidade quantitativa do estímulo: diz-se que ocorre uma reação simples quando se apresenta um único estímulo e que a complexidade da resposta aumenta ao aumentar o número de estímulos. Um pressuposto inicial dessa linha de pensamento é que a complexidade da tarefa é idêntica à complexidade da resposta interna do sujeito.

Essa identidade está claramente expressa nas fórmulas algébricas comumente usadas na análise das respostas de tais tarefas. Se um único estímulo é apresentado, podemos escrever uma equação em que a reação complexa é igual a uma reação simples (reconhecimento sensorial): $R_t = R_s$, em que R_t é o tempo de resposta para a reação complexa total, e R_s é o tempo de resposta da reação de reconhecimento de um estímulo. Se são apresentados dois ou mais estímulos, dos quais o sujeito deve selecionar um, essa equação se torna: $R_t = R_s + D$, em que D é o tempo usado na discriminação entre o estímulo alvo e os outros. Usando essas duas equações, podemos estabelecer o tempo requerido tanto para uma reação simples como para uma reação discriminativa. Se complicamos a tarefa, solicitando que o sujeito apresente uma resposta diferente para cada estímulo (por exemplo, pressionar a tecla da esquerda para o estímulo A e a da direita para o estímulo B), obtemos a fórmula clássica da reação de escolha: $R_t = R_s + D + E$, em que E é o tempo necessário para a escolha do movimento correto, como, por exemplo, pressionar a tecla correspondente ao estímulo apresentado.

....
8. Para uma discussão mais extensa sobre a importância dos experimentos com tempo de reação na psicologia do início do século XX, ver E. G. Boring, "The Psychology of Controversy", *Psychological Review*, 36: 97-121, 1929.

Uma descrição verbal da teoria que fundamenta esse conjunto de fórmulas é a seguinte: a resposta de discriminação é uma reação simples mais a discriminação; a reação de escolha é uma reação simples mais a discriminação e mais a escolha. A resposta superior, mais complexa, é vista como a soma aritmética de seus componentes elementares.

Os proponentes dessa abordagem analítica aplicam-na de forma bem ampla. Cattell, por exemplo, acredita que, subtraindo-se o tempo necessário para compreender e verbalizar uma palavra do tempo necessário para compreender, traduzir uma palavra de uma língua para outra e verbalizá-la, obtém-se uma medida pura do processo de tradução[9]. Em resumo, até mesmo os processos superiores como a compreensão e produção da fala podem ser analisados por esse método. É difícil imaginar uma concepção mais mecanicista das formas superiores, complexas, do comportamento.

Entretanto, essa abordagem analítica tem levado a várias dificuldades. A observação empírica mais básica que contradiz essa teoria vem de Titchener, que mostrou que o tempo para executar uma reação de escolha cuidadosamente preparada poderia ser igual ao tempo para a execução de uma resposta sensorial simples. Isso seria impossível pela lógica da análise resumida nas equações acima.

Do nosso ponto de vista, a premissa básica que fundamenta toda essa linha de análise é incorreta. Não é verdade que uma reação complexa seja constituída de uma cadeia de processos separados que podem ser, arbitrariamente, somados e subtraídos. Qualquer reação desse tipo reflete processos que dependem do processo inteiro de aprendizado que se dá ao longo de todos os níveis da tarefa. Essa análise mecânica substitui as relações reais que estão na base do processo de escolher pelas relações existentes entre os estímulos. Esse tipo de substituição reflete uma atitude

....

9. Vários trabalhos de Cattell sobre o estudo do tempo de reação são reproduzidos *in* W. Dennis, *Readings in the History of Psychology*, Nova Iorque, Appleton-Century-Crofts, 1948.

intelectual geral em psicologia que procura a compreensão dos processos psicológicos nas manipulações que constituem o próprio experimento; os procedimentos experimentais tornam-se substitutos dos processos psicológicos.

Vários estudiosos, ao mesmo tempo que demonstram a inadequação da análise psicológica baseada na decomposição mecânica das respostas em seus elementos componentes, defrontam-se com o problema de que suas análises introspectivas de reações complexas tenham de se restringir à descrição: nesse caso, a descrição das respostas externas é substituída pela descrição dos sentimentos internos. Ambos os casos restringem-se à análise psicológica fenotípica.

A análise introspectiva, na qual observadores altamente treinados são instruídos a notar todos os aspectos da sua própria experiência consciente, não pode levar-nos muito longe. Um resultado curioso desse tipo de trabalho, como Ach assinalou ao discutir os estudos da reação de escolha, é a descoberta de que não há sentimentos conscientes de escolha na reação de escolha[10]. Titchener enfatizou que se deve ter em mente o fato de que os nomes dados a uma reação complexa ou simples (por exemplo, "diferenciação" ou "escolha") referem-se às condições externas da tarefa. Nós não diferenciamos na reação de diferenciação e não escolhemos na reação de escolha.

Esse tipo de análise rompe a identidade entre os procedimentos experimentais e os processos psicológicos. Nomes de processos como "escolher" e "diferenciar" são tratados como resquícios de uma era anterior da psicologia, em que a experimentação ainda era desconhecida: observadores eram, então, treinados a fazer uma distinção clara entre os nomes de processos e sua experiência consciente, de modo que contornasse esse problema.

Esses estudos introspectivos levaram à conclusão de que uma situação que parece requerer processos de escolha não

----
10. N. Ach, *Über die Willenstatigkeit und das Denken*, 1905.

fornece elementos para falar de uma resposta psicológica de escolha; a discussão de tais respostas foi substituída pela descrição dos sentimentos do sujeito durante o experimento. No entanto, ninguém pôde dar evidência alguma de que esses sentimentos tivessem constituído parte integrante do processo particular de resposta. Parece mais provável que eles sejam somente um de seus componentes e que eles mesmos necessitem de explicação. Somos levados a concluir que a introspecção é, frequentemente, incapaz de prover uma descrição acurada, não se preocupando com uma explicação correta, mesmo em relação ao aspecto subjetivo da resposta. Pelas mesmas razões, seria de esperar as frequentes discrepâncias entre as descrições introspectivas de vários observadores que, aliás, constituem um problema nessa área de pesquisa. Deve ficar claro que a análise introspectiva não fornece a explicação dinâmica ou causal real de um processo; para que isso ocorra, devemos deixar de basear-nos nas aparências fenotípicas e mover-nos para um ponto de vista de análise do desenvolvimento.

As pesquisas sobre as reações complexas também ilustram que a psicologia só depende da análise de processos depois que eles se tenham tornado fossilizados. Este ponto foi notado por Titchener, que observou terem os pesquisadores concentrado seu estudo no tempo de reação das respostas e não nos processos de aprendizado ou no conteúdo da própria reação. Isso pode ser claramente visto, também, na prática estabelecida de desprezar os dados das primeiras sessões, quando as respostas estão sendo estabelecidas. O que se procura é a uniformidade, de tal forma que nunca é possível captar o processo em andamento; ao contrário, os pesquisadores, rotineiramente, desprezam os tempos críticos do aparecimento das reações, quando suas ligações funcionais são estabelecidas e ajustadas. Tais práticas levam-nos a caracterizar as respostas como "fossilizadas". Elas refletem o fato de que esses psicólogos não estão interessados nas reações complexas como um processo de desenvolvimento. Essa abordagem é, também, a causa maior das confusões relativas às reações simples e complexas superficialmente semelhantes. Poder-se-ia dizer que as reações complexas têm sido estudadas *post-mortem*.

Uma outra perspectiva sobre esse mesmo assunto pode ser obtida através da comparação entre reações complexas e reflexos, que são psicologicamente diferentes em muitos aspectos. Para efeito de ilustração, será suficiente compararmos um ponto. Sabe-se que o período de latência de uma reação complexa é mais longo que o período de latência de um reflexo. No entanto, há muito tempo Wundt demonstrou que o período de latência de uma reação complexa decresce com a prática. Consequentemente, a latência da reação complexa e do reflexo simples tornam-se equivalentes. Comumente, as diferenças mais importantes entre uma reação complexa e um reflexo são mais evidentes quando a reação está em seus estágios iniciais; com a prática, as diferenças tornam-se cada vez mais obscurecidas. Portanto, as diferenças entre essas duas formas de comportamento devem ser procuradas na análise de seu desenvolvimento. No entanto, as pesquisas sobre as reações de escolha bem estabelecidas e os reflexos, em vez de aumentar as diferenças discerníveis entre os dois fenômenos, escondem-nas. Os ensaios preparatórios requeridos pelos métodos experimentais habituais frequentemente se estendem por várias sessões de longa duração. Se esses dados então são descartados ou ignorados, resta ao pesquisador uma reação automatizada que, em relação a um reflexo, perdeu as diferenças expressas no seu desenvolvimento e adquiriu uma similaridade fenotípica superficial. Esses fatores levaram à nossa afirmativa de que pesquisadores anteriores estudaram as reações em experimentos psicológicos somente depois de elas terem se tornado fossilizadas.

Essa discussão da análise tradicional de reações complexas define, ainda que de forma negativa, as tarefas básicas com as quais nos defrontamos. Para obtermos o tipo de análise dinâmico-causal que defendemos, teremos de deslocar o foco de nossa pesquisa.

O estudo dinâmico-causal das reações de escolha

Obviamente, as primeiras sessões de formação de uma reação possuem uma importância crucial, porque somente os dados desse período revelarão a verdadeira origem da reação e suas ligações com outros processos. Através de um estudo objetivo de toda a história de uma reação, podemos obter uma explicação integrada das suas manifestações internas e de superfície. Dessa forma, queremos estudar a reação como ela aparece inicialmente, como toma forma, e depois que está firmemente estabelecida, tendo sempre em mente o fluxo dinâmico de todo o processo de seu desenvolvimento.

Fica claro, pela minha discussão prévia, outra parte da tarefa: a reação complexa tem de ser estudada como um processo vivo, e não, como um objeto. Se encontramos a reação na forma automatizada, temos de fazê-la voltar à sua forma original.

Quando examinamos os processos experimentais usados em reações complexas, vemos que todos se baseiam no estabelecimento de conexões sem significado entre estímulos e respostas. Apresentam-se ao sujeito vários estímulos, aos quais ele deve responder de diferentes maneiras: do ponto de vista do sujeito, nem as relações entre o estímulo e a resposta solicitada nem a sequência na qual os estímulos são apresentados têm algum significado. Quando uma resposta motora é exigida, como, por exemplo, pressionar uma tecla, os indivíduos podem executar o movimento da maneira que quiserem. Essas convenções tornam mecânicas as relações entre os elementos do problema, colocando esses procedimentos no mesmo plano de uma pesquisa sobre a memória que usasse estímulos sem sentido.

Essa analogia entre os estudos da reação de escolha e da memória pode ser entendida considerando-se as similaridades do papel da repetição nas duas tarefas. Embora ninguém tenha se dedicado ao estudo do treinamento prático de uma reação de escolha, pode-se concluir com segurança que, se a reação é formada através de um treinamento repetido (ou treinamento mais instrução escrita ou oral), ela é aprendida como que por decoração, assim como se aprende a conexão entre duas sílabas sem sentido por um processo de decoração. Se, por outro lado, reações simples estivessem envolvidas e se ao sujeito fosse dada antecipadamente uma extensa explicação, de tal forma que a relação entre o estímulo e a resposta fosse compreensível (por exemplo, apertar a tecla número 1 quando eu disser "um", apertar a tecla número 2 quando eu disser "dois"), estaríamos lidando com ligações previamente existentes. No entanto, em nenhum dos casos poderíamos estudar o processo de organização da reação, durante o qual seriam descobertas suas ligações subjacentes. Para tornar tudo isso mais claro, seguiremos os estágios através dos quais as reações de escolha se movem, primeiro em experimentos com adultos e em seguida com crianças. Se elaboramos uma reação de escolha relativamente simples, digamos, pressionar um botão com a mão esquerda quando um estímulo vermelho é mostrado, e pressionar outro botão com a mão direita quando um estímulo verde é mostrado, os adultos rapidamente adquirem uma resposta estável. Suponhamos, entretanto, que aumentemos o número de estímulos e respostas para cinco ou seis e diversifiquemos as respostas de modo que o sujeito tenha de responder não só com ambas as mãos, mas também às vezes pressionando um botão e às vezes simplesmente movendo um dedo. Com tal número de pareamentos entre estímulos e respostas, a tarefa torna-se consideravelmente mais difícil. Suponhamos, ainda, que em vez de um período longo de treinamento prévio, no qual se permitisse ao sujeito aprender as relações entre estímulos e respostas, nós lhe déssemos somente um mínimo de instruções. Diante dessa situação, os adultos frequentemente se recusam até mesmo a tentar lidar com o problema, objetando que poderiam não lembrar do que fazer. Mesmo após a sessão ter começado, permanecem repetindo para si mesmos as instruções, perguntando sobre aspectos da tarefa que esqueceram, geralmente procurando dominar o sistema de relações como um todo até que se adaptem à tarefa tal como foi inicialmente concebida.

Entretanto, quando colocávamos estímulos adicionais nas teclas e botões de respostas de maneira análoga aos procedimentos nos estudos de memória previamente descritos, os adultos imediatamente usavam esses meios auxiliares para lembrar as relações necessárias entre estímulos e respostas.

Com crianças a situação é diferente. Em primeiro lugar, apresentávamos o problema, como para os adultos, solicitando à criança que executasse várias respostas diferentes para diferentes estímulos. Diferentemente dos adultos, crianças de 6 a 8 anos frequentemente começavam a tarefa imediatamente após escutar as instruções e tentavam segui-las sem a menor hesitação. Assim que o experimento começava, a maioria das crianças via-se diante de grandes dificuldades. Quando uma criança lembrava uma ou duas das relações solicitadas e respondia corretamente aos estímulos, inocentemente perguntava pelos outros estímulos, tratando cada um deles isoladamente. Esse comportamento era diferente daquele dos adultos, que geralmente não conseguiam lidar efetivamente com os estímulos individuais, enquanto não conseguissem dominar todas as relações necessárias. Vemos esse comportamento nas crianças como uma evidência de que elas estão no estágio de responder à tarefa de uma maneira natural ou primitiva, porque dependem da memória não mediada dos elementos da tarefa. O fato de as crianças terem aceitado, sem hesitação nenhuma, o desafio de estabelecer uma resposta de escolha complexa com até dez estímulos, sugere que elas ainda não têm conhecimento de suas próprias capacidades e limitações. Operam tarefas complexas da mesma maneira que operam tarefas simples.

Quando introduzimos estímulos auxiliares, o comportamento da criança também difere do comportamento do adulto, embora possamos discernir o início da reestruturação que caracteriza o adulto.

Primeiro, introduzimos estímulos auxiliares que mantinham uma relação clara com os estímulos primários com os quais começamos. Por exemplo, se o estímulo primário fosse um cavalo, ao qual se esperava que a criança respondesse pressionando uma tecla com o dedo indicador da mão esquerda, colávamos nessa tecla a figura de um trenó. Na tecla correspondente a um filão de pão, colávamos a figura de uma faca. Nesse caso, a criança entende que o trenó se relaciona com o cavalo, a faca com o pão, e assim por diante. As reações de escolha são tranquilamente estabelecidas desde o começo. Além disso, não importa quantos estímulos e respostas estão envolvidos; os aspectos qualitativos da resposta permanecem os mesmos. A criança rapidamente elabora uma regra para a solução do problema e passa a fazer sua escolha com base nessa regra.

Entretanto, seria incorreto admitir que a criança passou a dominar um sistema mediado de comportamento em sua forma adulta plena. Basta mudar as relações entre os estímulos primários e auxiliares para descobrir os limites do sistema de respostas da criança. Se pareamos os estímulos de uma maneira diferente (digamos, cavalo com faca, pão com trenó), a criança deixa de usar os estímulos auxiliares de maneira apropriada. A criança lembra somente que, de alguma maneira, o cavalo ajudou-a a encontrar o trenó. Ela revela, por suas respostas, que usou a associação convencional de cavalo e trenó para guiar sua escolha, mas que não dominou a lógica interna de usar um estímulo para mediar a resposta a outro.

Se prolongamos nosso experimento por tempo suficiente, começamos a notar mudanças na maneira de a criança responder. No primeiro estágio de respostas a estímulos arbitrariamente relacionados, a criança não tem experiência suficiente com a tarefa para organizar eficazmente o seu comportamento. Ela usa a experiência de forma ingênua. No decorrer do experimento, no entanto, ela adquire a experiência necessária para reestruturar seu comportamento. Assim como a criança adquire um conhecimento físico simples ao operar com objetos, à medida que se esforça para realizar a tarefa da reação de escolha adquire conhecimento das operações psicológicas. À medida que tenta lembrar que estímulos estão ligados a que respostas, a criança começa a aprender o significado do processo de lembrança nessa situação e começa a usar de forma eficaz um ou outro dos estímulos auxiliares. A criança começa a perceber que certas relações entre os estímulos e as figuras auxiliares produzem respostas de escolha corretas, enquanto outras não. Logo começa a reclamar do arranjo das figuras, pedindo que as figuras coladas sobre as teclas sejam arranjadas de modo que se ajustem aos estímulos primários associados às teclas. Quando se diz à criança que pressione a tecla do pão em resposta à figura do cavalo, ela responde: "Não, eu quero a tecla do trenó". Isso mostra que a criança está acumulando experiência, que está mediando a estrutura de sua própria memorização.

Tendo compreendido, de maneira ingênua, o que as operações de memorização requerem, a criança passa para o estágio seguinte. Diante de estímulos primários e auxiliares num arranjo que parece ser casual, a criança pedirá para colocá-los numa ordem especial, estabelecendo assim, pessoalmente, uma relação específica entre eles. Nesse ponto a criança mostra que sabe que certos signos a ajudarão a realizar certas operações. Em resumo, ela está começando a memorizar através do uso de signos.

Uma vez que isso acontece, a criança não sente mais dificuldade em criar relações e em usá-las. Diante de alguns pareamentos entre estímulos primários e auxiliares, a criança não mais se restringe ao uso de relações já disponíveis (tal como cavalo--trenó), mas é capaz de criar suas próprias relações. Pode-se chamar isso de estágio do uso de signos externos. Ele se caracteriza pela formação independente de relações novas nas operações internas da criança usando signos apresentados externamente. Agora a criança organiza os estímulos externos para levar avante as suas respostas. Esse estágio fundamental é seguido, então, pelo estágio em que a criança começa a organizar os estímulos de maneira interna.

Essas mudanças manifestam-se no decorrer dos experimentos de reação de escolha. Após uma prática considerável nos experimentos de escolha, o tempo de reação começa a diminuir cada vez mais. Se o tempo de reação a determinado estímulo tinha sido de 500 milissegundos ou mais, ele se reduz a uns meros 200 milissegundos. O tempo de reação mais longo refletia o fato de a criança estar usando meios externos para realizar as operações de lembrar que tecla apertar. Gradualmente, a criança deixa de lado os estímulos externos, já não prestando atenção a eles. A resposta aos estímulos auxiliares externos é substituída por uma resposta a estímulos produzidos internamente. Na sua forma mais desenvolvida, essa operação interna consiste em a criança captar a verdadeira estrutura do processo, aprendendo a entender as leis de acordo com as quais os signos externos devem ser usados. Quando esse estágio é atingido, a criança dirá: "Eu não preciso mais de figuras. Eu o farei por mim mesma".

Características do novo método

Tentei demonstrar que o curso do desenvolvimento da criança caracteriza-se por uma alteração radical na própria estrutura do comportamento; a cada novo estágio, a criança não só muda suas respostas, como também as realiza de maneiras novas, gerando novos "instrumentos" de comportamento e substituindo sua função psicológica por outra. Operações psicológicas que em estágios iniciais eram realizadas através de formas diretas de adaptação mais tarde são realizadas por meios indiretos. A complexidade crescente do comportamento das crianças reflete-se na mudança dos meios que elas usam para realizar novas tarefas e na correspondente reconstrução de seus processos psicológicos.

Nosso conceito de desenvolvimento implica a rejeição do ponto de vista comumente aceito de que o desenvolvimento cognitivo é o resultado de uma acumulação gradual de mudanças isoladas. Acreditamos que o desenvolvimento da criança é um processo dialético complexo caracterizado pela periodicidade, desigualdade no desenvolvimento de diferentes funções, metamorfose ou transformação qualitativa de uma forma em outra, embricamento de fatores internos e externos e processos adaptativos que superam os impedimentos que a criança encontra. Dominados pela noção de mudança evolucionária, a maioria dos pesquisadores em psicologia da criança ignora aqueles pontos de viragem, aquelas mudanças convulsivas e revolucionárias que são tão frequentes no desenvolvimento da criança. Para a mente ingênua, evolução e revolução parecem incompatíveis, e o desenvolvimento histórico só está ocorrendo enquanto segue uma linha reta. Onde ocorrem distúrbios, onde a trama histórica é rompida, a mente ingênua vê somente catástrofe, interrupção e descontinuidade. Parece que a história para de repente, até que retome, uma vez mais, a via direta e linear de desenvolvimento.

O pensamento científico, ao contrário, vê revolução e evolução como duas formas de desenvolvimento mutuamente relacionadas, sendo uma pressuposto da outra, e vice-versa. Vê, também, os saltos no desenvolvimento da criança como nada mais do que um momento na linha geral do desenvolvimento.

Como tenho enfatizado repetidamente, um mecanismo essencial dos processos reconstrutivos que ocorre durante o desenvolvimento da criança é a criação e o uso de vários estímulos artificiais. Esses estímulos desempenham um papel auxiliar que permite aos seres humanos dominar seu próprio comportamento, primeiro através de meios externos e posteriormente através de operações internas mais complexas. Nossa abordagem do estudo das funções cognitivas não requer que o experimentador forneça aos sujeitos os meios já prontos, externos ou artificiais, para que eles possam completar com sucesso uma tarefa dada. O experimento é igualmente válido se, em vez de o experimentador fornecer às crianças meios artificiais, esperar até que elas, espontaneamente, apliquem algum método auxiliar ou símbolo novo que elas passam, então, a incorporar em suas operações.

Não importa a área específica em que aplicamos essa abordagem. Poderíamos estudar o desenvolvimento da memorização em crianças fornecendo-lhes novos meios de solucionar a tarefa dada, e, então, observando o grau e o caráter de seus esforços na solução do problema. Poderíamos também usar esse método para estudar a maneira pela qual as crianças organizam sua atenção ativa com o auxílio de meios externos. Poderíamos, ainda, seguir o desenvolvimento de habilidades aritméticas em crianças pequenas fazendo-as manipular objetos e aplicar métodos que lhes sejam sugeridos ou que elas "inventem". O que é crucial, no entanto, é que temos de nos ater, em todos esses casos, a um princípio. Estudamos *não somente o final da operação, mas também a sua estrutura psicológica específica*. Em todos esses casos, a estrutura psicológica do desenvolvimento aparece com muito mais riqueza e variedade do que no método clássico do experimento simples de associação estímulo-resposta. Embora esta última metodologia torne extremamente fácil verificar as respostas do sujeito, ela se mostra sem utilidade quando o objetivo é descobrir os meios e os métodos utilizados pelos sujeitos para organizar o seu próprio comportamento.

Nossa abordagem para estudar esses processos é usar o que chamamos *método funcional da estimulação dupla*. A tarefa com a qual a criança se defronta no contexto experimental está, em geral, além de sua capacidade do momento e não pode ser resolvida com as habilidades que ela possui. Nesses casos, um objeto neutro é colocado próximo da criança, e frequentemente podemos observar como o estímulo neutro é incluído na situação e adquire a função de um signo. Assim, a criança incorpora ativamente esses objetos neutros na tarefa de solucionar o problema. Poderíamos dizer que, quando surgem dificuldades, os estímulos neutros adquirem a função de um signo e a partir desse ponto a estrutura da operação assume um caráter diferente em essência.

Ao usar essa abordagem, não nos limitamos ao método usual que oferece ao sujeito estímulos simples dos quais se espera uma resposta direta. Mais que isso, oferecemos simultaneamente uma *segunda série de estímulos* que têm uma função especial. Dessa maneira, podemos estudar o *processo de realização de uma tarefa com a ajuda de meios auxiliares específicos*; assim, também seremos capazes de descobrir a estrutura interna e o desenvolvimento dos processos psicológicos superiores.

O método da estimulação dupla provoca manifestações dos processos cruciais no comportamento de pessoas de todas as idades. Em crianças e adultos, o ato de atar um nó como um evocador mnemônico é apenas um exemplo de um princípio regulatório amplamente difundido no comportamento humano, o da *significação*, através do qual as pessoas, no contexto de seus esforços para solucionar um problema, criam ligações temporárias e dão significado a estímulos previamente neutros.

Entendemos que nosso método é importante porque ajuda a *tornar objetivos* os processos psicológicos interiores; os métodos de associação entre estímulos e respostas são objetivos, limitando-se, no entanto, ao estado das respostas externas já contidas no repertório do sujeito. Quanto às metas da pesquisa psicológica, acreditamos que a nossa abordagem, que torna objetivos os processos psicológicos interiores, é muito mais adequada do que os métodos que estudam as respostas objetivas preexistentes[11]. Somente a "objetivação" dos processos interiores garante o acesso às formas específicas do comportamento superior em contraposição às formas subordinadas.

....
11. Para uma aplicação extraordinária dessas ideias ao desenvolvimento da memória voluntária em pré-escolares, veja o artigo de Istomina, *Soviet Psychology*, 12 (4): 5-64, 1975.

Segunda parte
Implicações educacionais

Capítulo 6
Interação entre aprendizado e desenvolvimento

Os problemas encontrados na análise psicológica do ensino não podem ser corretamente resolvidos ou mesmo formulados sem nos referirmos à relação entre o aprendizado e o desenvolvimento em crianças em idade escolar. Este ainda é o mais obscuro de todos os problemas básicos necessários à aplicação de teorias do desenvolvimento da criança aos processos educacionais. É desnecessário dizer que essa falta de clareza teórica não significa que o assunto esteja completamente à margem dos esforços correntes de pesquisa em aprendizado; nenhum dos estudos pode evitar essa questão teórica central. No entanto, a relação entre aprendizado e desenvolvimento permanece, do ponto de vista metodológico, obscura, uma vez que pesquisas concretas sobre o problema dessa relação fundamental incorporaram postulados, premissas e soluções exóticas, teoricamente vagos, não avaliados criticamente e, algumas vezes, internamente contraditórios: disso resultou, obviamente, uma série de erros.

Essencialmente, todas as concepções correntes da relação entre desenvolvimento e aprendizado em crianças podem ser reduzidas a três grandes posições teóricas.

A primeira centra-se no pressuposto de que os processos de desenvolvimento da criança são independentes do aprendizado. O aprendizado é considerado um processo puramente externo que não está envolvido ativamente no desenvolvimento. Ele simplesmente se utilizaria dos avanços do desenvolvimento em vez de fornecer um impulso para modificar seu curso.

Em estudos experimentais sobre o desenvolvimento do ato de pensar em crianças em idade escolar, tem-se admitido que processos como dedução, compreensão, evolução das noções de mundo, interpretação da casualidade física, o domínio das formas lógicas de pensamento e o domínio da lógica abstrata ocorrem todos por si mesmos, sem nenhuma influência do aprendizado escolar. Um exemplo dessa posição são os princípios teóricos extremamente complexos e interessantes de Piaget, os quais, por sinal, determinam a metodologia experimental que ele emprega. As perguntas que Piaget faz às crianças durante suas "conversações clínicas" ilustram claramente sua abordagem. Quando se pergunta a uma criança de cinco anos por que o sol não cai, tem-se como pressuposto que a criança não tem uma resposta pronta nem a capacidade de formular uma questão desse tipo. A razão de se fazerem perguntas que estão muito além do alcance das habilidades intelectuais da criança é tentar eliminar a influência da experiência e do conhecimento prévios. O experimentador procura obter as tendências do pensamento das crianças na forma "pura", completamente independente do aprendizado[1].

De forma similar, os clássicos da literatura psicológica, tais como os trabalhos de Binet e outros, admitem que o desenvolvimento é sempre um pré-requisito para o aprendizado e que, se as funções mentais de uma criança (operações intelectuais) não amadureceram a ponto de ela ser capaz de aprender um assunto particular, então nenhuma instrução se mostrará útil. Eles temem, especialmente, as instruções prematuras, o ensino de um assunto antes que a criança esteja pronta para ele. Todos os esforços concentram-se em encontrar o limiar inferior de uma capacidade de aprendizado, ou seja, a idade na qual um tipo particular de aprendizado se torna possível pela primeira vez.

....

1. Piaget, *Language and Thought*.

Uma vez que essa abordagem se baseia na premissa de que o aprendizado segue a trilha do desenvolvimento e que o desenvolvimento sempre se adianta ao aprendizado, ela exclui a noção de que o aprendizado pode ter um papel no curso do desenvolvimento ou maturação daquelas funções ativadas durante o próprio processo de aprendizado. O desenvolvimento ou a maturação é visto como uma pré-condição do aprendizado, mas nunca como resultado dele. Para resumir essa posição: o aprendizado forma uma superestrutura sobre o desenvolvimento, deixando este último essencialmente inalterado.

A segunda grande posição teórica é a que postula que aprendizado é desenvolvimento. Essa identidade é a essência de um grupo de teorias que, na sua origem, são completamente diferentes.

Uma dessas teorias baseia-se no conceito de reflexo, uma noção essencialmente velha, que, recentemente, tem sido extensivamente revivida. O desenvolvimento é visto como o domínio dos reflexos condicionados, não importando se o que se considera é o ler, o escrever ou a aritmética, isto é, o processo de aprendizado está completa e inseparavelmente misturado com o processo de desenvolvimento. Essa noção foi elaborada por James, que reduziu o processo de aprendizado à formação de hábitos e identificou o processo de aprendizado com desenvolvimento.

As teorias que se baseiam no conceito de reflexo têm pelo menos um ponto em comum com aquelas teorias do tipo de Piaget: em ambas o desenvolvimento é concebido como elaboração e substituição de respostas inatas. Ou, como James expressou: "Em resumo não existe melhor maneira de descrever a educação do que considerá-la como a organização dos hábitos de conduta e tendências comportamentais adquiridos".[2] O desenvolvimento reduz-se, primariamente, à acumulação de todas as respostas possíveis. Considera-se qualquer resposta adquirida como uma forma mais complexa ou como um substituto de uma resposta inata.

....
2. William James, *Talks to Teachers*, Nova Iorque, Norton, 1958, pp. 36-7.

No entanto, apesar da similaridade entre a primeira e a segunda posições teóricas, há uma grande diferença entre seus pressupostos, quanto às relações temporais entre os processos de aprendizado e de desenvolvimento. Os teóricos que mantêm o primeiro ponto de vista afirmam que os ciclos de desenvolvimento precedem os ciclos de aprendizado; a maturação precede o aprendizado e a instrução deve seguir o crescimento mental. Para o segundo grupo de teóricos, os dois processos ocorrem simultaneamente; aprendizado e desenvolvimento coincidem em todos os pontos, da mesma maneira que duas figuras geométricas idênticas coincidem quando superpostas.

A terceira posição teórica sobre a relação entre aprendizado e desenvolvimento tenta superar os extremos das outras duas, simplesmente combinando-as. Um exemplo claro dessa abordagem é a teoria de Koffka, segundo a qual o desenvolvimento se baseia em dois processos inerentemente diferentes, embora relacionados, em que cada um influencia o outro[3] – de um lado a maturação, que depende diretamente do desenvolvimento do sistema nervoso; de outro o aprendizado, que é, em si mesmo, também um processo de desenvolvimento.

Três aspectos dessa teoria são novos. O primeiro, como já assinalamos, é a combinação de dois pontos de vista aparentemente opostos, cada um dos quais tem sido encontrado separadamente na história da ciência. A verdade é que, se esses dois pontos de vista podem ser combinados em uma teoria, é sinal de que eles não são opostos e nem mutuamente excludentes, mas têm algo de essencial em comum. Também é nova a ideia de que os dois processos que constituem o desenvolvimento são interagentes e mutuamente dependentes. Evidentemente, a natureza da interação é deixada quase que inexplorada no trabalho de Koffka, que se limita unicamente aos aspectos bem gerais da relação entre esses dois processos. Está claro que para Koffka o processo de maturação prepara e torna possível um processo

----

3. Koffka, *Growth of the Mind*.

específico de aprendizado. O processo de aprendizado, então, estimula e empurra para a frente o processo de maturação. O terceiro e mais importante aspecto novo dessa teoria é o amplo papel que ela atribui ao aprendizado no desenvolvimento da criança. Essa ênfase leva-nos diretamente a um velho problema pedagógico, o da disciplina formal e da transferência.

Os movimentos pedagógicos que enfatizaram a disciplina formal e forçaram o ensino das línguas clássicas, das civilizações antigas e da matemática, assumiam que, apesar da irrelevância desses assuntos específicos para a vida diária, eles eram de grande valor para o desenvolvimento mental do aluno. Diversos estudos puseram em dúvida a validade dessa ideia. Demonstrou-se que o aprendizado numa área em particular influencia muito pouco o desenvolvimento como um todo. Por exemplo, Woodworth e Thorndike, adeptos da teoria baseada no conceito de reflexo, observaram que adultos que após treinos especiais conseguiam determinar com considerável sucesso o comprimento de linhas curtas quase não progrediam na sua competência em determinar o comprimento de linhas longas. Esses mesmos adultos foram treinados, com sucesso, para estimar o tamanho de determinada figura bidimensional; porém esse treinamento não os tornou capazes de estimar o tamanho de outras figuras bidimensionais de tamanhos e formas variadas.

De acordo com Thorndike, teóricos em psicologia e educação acreditam que toda aquisição de uma resposta em particular aumenta diretamente e em igual medida a capacidade global[4]. Os professores acreditavam e agiam com base na teoria de que a mente é um conjunto de capacidades – poder de observação, atenção, memória, pensamento, e assim por diante – e que qualquer melhora em qualquer capacidade específica resulta numa melhora geral de todas as capacidades. Segundo essa teoria, se o estudante aumentasse a atenção prestada à gramática latina, ele aumentaria sua capacidade de focalizar a atenção sobre qual-

....
4. E. L. Thorndike, *The Psychology of Learning*, Nova Iorque, Teachers College Press, 1914.

quer tarefa. Costuma-se dizer que as palavras "precisão", "esperteza", "capacidade de raciocínio", "memória", "poder de observação", "atenção", "concentração", e assim por diante denotam capacidades fundamentais reais que variam de acordo com o material com o qual operam; essas aptidões básicas são substancialmente modificadas pelo estudo de assuntos particulares e retêm essas modificações quando são dirigidas para outras áreas. Portanto, se alguém aprende a fazer bem uma única coisa, também será capaz de fazer bem outras coisas sem nenhuma relação, como resultado de alguma conexão secreta. Assume-se que as capacidades mentais funcionam independentemente do material com que elas operam e que o desenvolvimento de uma capacidade promove o desenvolvimento de outras.

O próprio Thorndike se opôs a esse ponto de vista. Através de vários estudos ele mostrou que formas particulares de atividade, como, por exemplo, soletrar, dependem do domínio de habilidades específicas e do material necessário para o desempenho daquela tarefa em particular. O desenvolvimento de uma capacidade específica raramente significa o desenvolvimento de outras. Thorndike afirmava que a especialização nas capacidades é ainda muito maior do que a observação superficial poderia indicar. Por exemplo, se entre uma centena de indivíduos escolhermos dez que apresentem a capacidade de detectar erros de soletração ou de medir comprimentos, será improvável que esses dez apresentem uma melhor capacidade quanto à estimativa do peso de objetos. Da mesma maneira, a velocidade e precisão para somar números não estão, de forma alguma, relacionadas com a velocidade e precisão de dizer antônimos.

Essa pesquisa mostra que a mente não é uma rede complexa de capacidades *gerais* como observação, atenção, memória, julgamento etc., mas um conjunto de capacidades específicas, cada uma das quais, de alguma forma, independe das outras e se desenvolve independentemente. O aprendizado é mais do que a aquisição de capacidade para pensar; é a aquisição de muitas capacidades especializadas para pensar sobre várias coisas. O aprendizado não altera nossa capacidade global de focalizar a atenção; em vez disso, no entanto, desenvolve várias capacidades de focalizar a atenção sobre várias coisas. De acordo com esse ponto de vista, um treino especial afeta o desenvolvimento global somente quando seus elementos, seus materiais e seus processos são similares nos vários campos específicos; o hábito nos governa. Isso leva à conclusão de que, pelo fato de cada atividade depender do material com a qual opera, o desenvolvimento da consciência é o desenvolvimento de um conjunto de determinadas capacidades independentes ou de um conjunto de hábitos específicos. A melhora de uma função da consciência ou de um aspecto da sua atividade só pode afetar o desenvolvimento de outra na medida em que haja elementos comuns a ambas as funções ou atividades.

Os teóricos do desenvolvimento, como Koffka e os gestaltistas – que defendem a terceira posição teórica delineada anteriormente – opõem-se ao ponto de vista de Thorndike. Afirmam que a influência do aprendizado nunca é específica. A partir de seus estudos dos princípios estruturais, afirmam que o processo de aprendizado não pode, nunca, ser reduzido simplesmente à formação de habilidades, mas incorpora uma ordem intelectual que torna possível a transferência de princípios gerais descobertos durante a solução de uma tarefa para várias outras tarefas. Desse ponto de vista, a criança, durante o aprendizado de determinada operação, adquire a capacidade de criar estruturas de certo tipo, independentemente dos materiais com os quais ela está trabalhando e dos elementos particulares envolvidos. Assim, Koffka não imaginava o aprendizado como limitado a um processo de aquisição de hábitos e habilidades. A relação entre o aprendizado e o desenvolvimento por ele postulada não é a de identidade, mas uma relação muito mais complexa. De acordo com Thorndike, aprendizado e desenvolvimento coincidem em todos os pontos, mas, para Koffka, o desenvolvimento é sempre um conjunto maior que o aprendizado. Esquematicamente, a relação entre os dois processos poderia ser representada por dois círculos concêntricos, o menor simbolizando o processo de aprendizado, e o maior, o processo de desenvolvimento evocado pelo aprendizado.

Uma vez que uma criança tenha aprendido a realizar uma operação, ela passa a assimilar algum princípio estrutural cuja esfera de aplicação é outra que não unicamente a das operações do tipo daquela usada como base para assimilação do princípio. Consequentemente, ao dar um passo no aprendizado, a criança dá dois no desenvolvimento, ou seja, o aprendizado e o desenvolvimento não coincidem. Esse conceito é o aspecto essencial do terceiro grupo de teorias que discutimos.

Zona de desenvolvimento proximal: uma nova abordagem

Embora rejeitemos todas as três posições teóricas discutidas acima, a sua análise leva-nos a uma visão mais adequada da relação entre aprendizado e desenvolvimento. A questão a ser formulada para chegar à solução desse problema é complexa. Ela é constituída por dois tópicos separados: primeiro, a relação geral entre aprendizado e desenvolvimento; e, segundo, os aspectos específicos dessa relação quando a criança atinge a idade escolar.

O ponto de partida dessa discussão é o fato de que o aprendizado das crianças começa muito antes de elas frequentarem a escola. Qualquer situação de aprendizado com a qual a criança se defronta na escola tem sempre uma história prévia. Por exemplo, as crianças começam a estudar aritmética na escola, mas muito antes elas tiveram alguma experiência com quantidades – tiveram de lidar com operações de divisão, adição, subtração e determinação de tamanho. Consequentemente, as crianças têm a sua própria aritmética pré-escolar, que somente psicólogos míopes podem ignorar.

Continua-se afirmando que o aprendizado tal como ocorre na idade pré-escolar difere nitidamente do aprendizado escolar, o qual está voltado para a assimilação de fundamentos do conhecimento científico. No entanto, já no período de suas primeiras perguntas, quando a criança assimila os nomes de objetos em seu ambiente, ela está aprendendo. De fato, por acaso é de duvidar que a criança aprende a falar com os adultos; ou que, através da formulação de perguntas e respostas, a criança adquire várias informações; ou que, através da imitação dos adultos e através da instrução recebida de como agir, a criança desenvolve um repositório completo de habilidades? De fato, aprendizado e desenvolvimento estão inter-relacionados desde o primeiro dia de vida da criança.

Ao tentar tornar claras as leis do aprendizado da criança e sua relação com o desenvolvimento mental, Koffka concentra sua atenção nos processos mais simples de aprendizado, ou seja, os que ocorrem nos anos pré-escolares. Enquanto ele nota uma similaridade entre o aprendizado pré-escolar e escolar, erra ao não perceber a diferença entre eles – não consegue ver os elementos especificamente novos que o aprendizado escolar introduz. Koffka e outros admitem que a diferença entre o aprendizado pré-escolar e o escolar está no fato de o primeiro ser um aprendizado não sistematizado, e o último, um aprendizado sistematizado. Porém, a sistematização não é o único fator; há também o fato de que o aprendizado escolar produz algo fundamentalmente novo no desenvolvimento da criança. Para elaborar as dimensões do aprendizado escolar, descreveremos um conceito novo e de excepcional importância, sem o qual esse assunto não pode ser resolvido: a zona de desenvolvimento proximal.

Um fato empiricamente estabelecido e bem conhecido é que o aprendizado deve ser combinado de alguma maneira com o nível de desenvolvimento da criança. Por exemplo, afirma-se que seria bom que se iniciasse o ensino de leitura, escrita e aritmética numa faixa etária específica. Só recentemente, entretanto, tem-se atentado para o fato de que não podemos nos limitar meramente à determinação de níveis de desenvolvimento, se o que queremos é descobrir as relações reais entre o processo de desenvolvimento e a capacidade de aprendizado. Temos de determinar pelo menos dois níveis de desenvolvimento.

O primeiro nível pode ser chamado *nível de desenvolvimento real*, isto é, o nível de desenvolvimento das funções mentais da criança que se estabeleceram como resultado de certos ciclos de desenvolvimento já *completados*. Quando determinamos a idade mental de uma criança usando testes, estamos quase sempre tratando do nível de desenvolvimento real. Nos estudos do desenvolvimento mental das crianças, geralmente, admite-se que só é indicativo da capacidade mental das crianças o que elas conseguem fazer por si mesmas. Apresentamos às crianças uma bateria de testes ou várias tarefas com graus variados de dificuldades e julgamos a extensão do seu desenvolvimento mental baseados em como e com que grau de dificuldade elas os resolvem. Por outro lado, se a criança resolve o problema depois de fornecermos pistas ou mostrarmos como o problema pode ser solucionado; ou se o professor inicia a solução e a criança a completa; ou, ainda, se ela resolve o problema em colaboração com outras crianças – em resumo, se por pouco a criança não é capaz de resolver o problema sozinha – a solução não é vista como um indicativo de seu desenvolvimento mental. Esta "verdade" pertencia ao senso comum e era por ele reforçada. Por mais de uma década, mesmo os pensadores mais sagazes nunca questionaram esse fato; nunca consideraram a noção de que o que a criança consegue fazer com ajuda dos outros poderia ser, de alguma maneira, muito mais indicativo de seu desenvolvimento mental do que o que consegue fazer sozinha.

Tomemos um exemplo. Suponhamos que eu pesquise duas crianças assim que elas entrarem para a escola, ambas com dez anos cronológicos e oito anos em termos de desenvolvimento mental. Será que eu poderia dizer que elas têm a mesma idade mental? Naturalmente. Mas o que isso significa? Isso significa que elas podem lidar, de forma independente, com tarefas até o grau de dificuldade que foi padronizado para o nível de oito anos de idade. Se eu parasse nesse ponto, as pessoas poderiam imaginar que o curso subsequente do desenvolvimento mental e do aprendizado escolar para essas crianças seria o mesmo, uma vez que ele depende dos seus intelectos. Claro que poderia haver outros fatores, como, por exemplo, o fato de uma criança ficar doente por meio ano, e a outra nunca faltar à escola; no entanto, de maneira geral, o destino dessas crianças poderia ser o mesmo. Imagine, agora, que eu não terminasse meus estudos nesse ponto, mas que somente começasse por ele. Essas crianças parecem ser capazes de lidar com problemas até o nível de oito anos de idade, e não além disso. Suponhamos que eu lhes mostre várias maneiras de tratar o problema. Diferentes experimentadores poderiam empregar diferentes modos de demonstração em diferentes casos: alguns poderiam realizar uma demonstração inteira e pedir à criança para repeti-la, outros poderiam iniciar a solução e pedir à criança para terminá-la ou, ainda, fornecer pistas. Em resumo, de uma maneira ou de outra, proponho que as crianças solucionem o problema com a minha assistência. Nessas circunstâncias, torna-se evidente que a primeira criança pode lidar com problemas até o nível de doze anos de idade, e a segunda, até o nível de nove anos de idade. E, agora, teriam essas crianças a mesma idade mental?

Quando se demonstrou que a capacidade de crianças com iguais níveis de desenvolvimento mental, para aprender sob a orientação de um professor, variava enormemente, tornou-se evidente que aquelas crianças não tinham a mesma idade mental e que o curso subsequente de seu aprendizado seria, obviamente, diferente. Essa diferença entre doze e oito ou entre nove e oito, é o que nós chamamos *a zona de desenvolvimento proximal. Ela é a distância entre o nível de desenvolvimento real, que se costuma determinar através da solução independente de problemas, e o nível de desenvolvimento potencial, determinado através da solução de problemas sob a orientação de um adulto ou em colaboração com companheiros mais capazes.*

Se ingenuamente perguntássemos o que é nível de desenvolvimento real ou, formulando de forma mais simples, o que revela a solução de problemas pela criança de maneira mais independente, a resposta mais comum seria que o nível de desenvolvimento real de uma criança define funções que já amadureceram, ou seja, os produtos finais do desenvolvimento. Se uma criança pode fazer tal e tal coisa, independentemente, isso significa que as funções para tal e tal coisa já amadureceram nela. O que é, então, definido pela zona de desenvolvimento proximal, determinada através de problemas que a criança não pode resolver independentemente, fazendo-o somente com assistência? A zona de desenvolvimento proximal define aquelas funções que ainda não amadureceram, mas que estão em processo de maturação, funções que amadurecerão, mas que estão presentemente em estado embrionário. Essas funções poderiam ser chamadas "brotos" ou "flores" do desenvolvimento, em vez de "frutos" do desenvolvimento. O nível de desenvolvimento real caracteriza o desenvolvimento mental retrospectivamente, enquanto a zona de desenvolvimento proximal caracteriza o desenvolvimento mental prospectivamente.

A zona de desenvolvimento proximal provê psicólogos e educadores de um instrumento através do qual se pode entender o curso interno do desenvolvimento. Usando esse método podemos dar conta não somente dos ciclos e processos de maturação que já foram completados, como também daqueles processos que estão em estado de formação, ou seja, que estão apenas começando a amadurecer e a se desenvolver. Assim, a zona de desenvolvimento proximal permite-nos delinear o futuro imediato da criança e seu estado dinâmico de desenvolvimento, propiciando o acesso não somente ao que já foi atingido através do desenvolvimento, como também àquilo que está em processo de maturação. As duas crianças em nosso exemplo apresentavam a mesma idade mental do ponto de vista dos ciclos de desenvolvimento já completados, mas as dinâmicas de desenvolvimento das duas eram completamente diferentes. O estado de desenvolvimento mental de uma criança só pode ser determinado se forem revelados os seus dois níveis: o nível de desenvolvimento real e a zona de desenvolvimento proximal.

Discutirei um estudo de crianças em idade pré-escolar para demonstrar que aquilo que é a zona de desenvolvimento proximal hoje será o nível de desenvolvimento real amanhã – ou seja, aquilo que uma criança pode fazer com assistência hoje, ela será capaz de fazer sozinha amanhã.

A pesquisadora americana Dorothea McCarthy mostrou que em crianças entre as idades de três e cinco anos distinguem-se dois grupos de funções: as que as crianças já dominam e as que elas só podem pôr em ação sob orientação, em grupos, e em colaboração umas com as outras, ou seja, que elas não dominaram de forma independente. O estudo de McCarthy demonstrou que esse segundo grupo de funções situa-se no nível de desenvolvimento real de crianças em idade de cinco a sete anos. Aquilo que as crianças conseguiam fazer somente sob orientação, em colaboração e em grupos entre as idades de três e cinco anos, conseguiriam fazer de forma independente quando atingissem as idades de cinco a sete anos[5]. Dessa forma, se nossa preocupação fosse somente a de determinar a idade mental – isto é, somente funções que já amadureceram – não teríamos mais do que um resumo do desenvolvimento já completado; por outro lado, se determinarmos as funções em maturação, poderemos prever o que acontecerá a essas crianças nas idades de cinco a sete anos, desde que sejam mantidas as mesmas condições de desenvolvimento. A zona de desenvolvimento proximal pode, portanto, tornar-se um conceito poderoso nas pesquisas do desenvolvimento, conceito este que pode aumentar de forma acentuada a eficiência e a utilidade da aplicação de métodos diagnósticos do desenvolvimento mental a problemas educacionais.

Uma compreensão plena do conceito de zona de desenvolvimento proximal deve levar à reavaliação do papel da imitação no aprendizado. Um princípio intocável da psicologia clássica é o de que somente a atividade independente da criança, e não sua atividade imitativa, é indicativa de seu nível de desenvolvimento mental. Esse ponto de vista está expresso em todos os sistemas atuais de testes. Ao avaliar-se o desenvolvimento mental, consideram-se somente as soluções de problemas que as crianças conseguem realizar sem a assistência de outros, sem demonstração e sem o fornecimento de pistas. Pensa-se na imitação e no aprendizado como processos puramente mecânicos.

....

5. Dorothea McCarthy, *The Language Development of the Pre-school Child*, Minneapolis, University of Minnesota Press, 1930.

Recentemente, no entanto, psicólogos têm demonstrado que uma pessoa só consegue imitar o que está no seu nível de desenvolvimento. Por exemplo, se uma criança tem dificuldade com um problema de aritmética e o professor o resolve no quadro-negro, a criança pode captar a solução num instante. Se, no entanto, o professor solucionasse o problema usando a matemática superior, a criança seria incapaz de compreender a solução, não importando quantas vezes a copiasse.

A psicologia animal e Kohler, em particular, trataram muito bem dessa questão da imitação[6]. Os experimentos de Kohler procuraram determinar se os primatas são capazes de ter pensamento ideográfico. A principal questão era saber se os primatas solucionavam problemas de forma independente ou se eles simplesmente imitavam soluções que tinham visto ser realizadas anteriormente, como, por exemplo, observando outros animais ou seres humanos usando varas e outros instrumentos e, então, imitando-os. Os experimentos especiais de Kohler, planejados para determinar o que os primatas poderiam imitar, revelam que esses animais são capazes de usar a imitação para solucionar somente aqueles problemas que apresentam o mesmo grau de dificuldade dos problemas que eles são capazes de resolver sozinhos. Entretanto, Kohler não notou o fato importante de que os primatas não podem ser ensinados (no sentido humano da palavra) através da imitação, tampouco são capazes de ter o seu intelecto desenvolvido, uma vez que não têm zona de desenvolvimento proximal. Um primata pode aprender bastante através do treinamento, usando as suas habilidades motoras e mentais; no entanto, não se pode fazê-lo mais inteligente, isto é, não se pode ensiná-lo a resolver, de forma independente, problemas mais avançados. Por isso, os animais são incapazes de aprendizado no sentido humano do termo; *o aprendizado humano pressupõe uma natureza social específica e um processo através do qual as crianças penetram na vida intelectual daqueles que as cercam.*

....
6. Kohler, *Mentality of Apes*.

As crianças podem imitar uma variedade de ações que vão muito além dos limites de suas próprias capacidades. Numa atividade coletiva ou sob a orientação de adultos, usando a imitação, as crianças são capazes de fazer muito mais coisas. Esse fato, que parece ter pouco significado em si mesmo, é de fundamental importância na medida em que demanda uma alteração radical de toda a doutrina que trata da relação entre aprendizado e desenvolvimento em crianças. Uma consequência direta é a mudança nas conclusões que podem ser tiradas dos testes diagnósticos do desenvolvimento.

Acreditava-se há algum tempo que, pelo uso de testes, poderíamos determinar o nível de desenvolvimento mental no qual o processo educacional deveria se basear e cujos limites não deveriam ser ultrapassados. Esse procedimento orientava o aprendizado em direção ao desenvolvimento de ontem, em direção aos estágios de desenvolvimento já completados. O erro deste ponto de vista foi descoberto mais cedo na prática do que na teoria. Ele está claramente demonstrado no ensino de crianças mentalmente retardadas. Estudos estabeleceram que as crianças retardadas mentais não são muito capazes de ter pensamento abstrato. Com base nesses estudos, a pedagogia da escola especial tirou a conclusão, aparentemente correta, de que todo o ensino dessas crianças deveria basear-se no uso de métodos concretos do tipo "observar e fazer". E, apesar disso, uma quantidade considerável de experiências com esse método resultou em profunda desilusão. Demonstrou-se que o sistema de ensino baseado somente no concreto – um sistema que elimina do ensino tudo aquilo que está associado ao pensamento abstrato – falha em ajudar as crianças retardadas a superar as suas deficiências inatas, além de reforçar essas deficiências, acostumando as crianças exclusivamente ao pensamento concreto e suprindo, assim, os rudimentos de qualquer pensamento abstrato que essas crianças ainda possam ter. Precisamente porque as crianças retardadas, quando deixadas a si mesmas, nunca atingem formas bem elaboradas de pensamento abstrato, é que a escola deveria fazer todo esforço para empurrá-las nessa direção, para desenvolver nelas o que está intrinsecamente faltando no seu próprio desenvolvimento. Nas práticas correntes das escolas especiais para crianças retardadas, podemos observar um distanciamento benéfico desse conceito de concreto, distanciamento esse que devolve ao método do "observar e fazer" o seu verdadeiro papel. O concreto passa agora a ser visto somente como um ponto de apoio necessário e inevitável para o desenvolvimento do pensamento abstrato – como um meio, e não como um fim em si mesmo.

De forma similar, em crianças normais, o aprendizado orientado para os níveis de desenvolvimento que já foram atingidos é ineficaz do ponto de vista do desenvolvimento global da criança. Ele não se dirige para um novo estágio do processo de desenvolvimento, mas, em vez disso, vai a reboque desse processo. Assim, a noção de zona de desenvolvimento proximal capacita-nos a propor uma nova fórmula, a de que o "bom aprendizado" é somente aquele que se adianta ao desenvolvimento.

A aquisição da linguagem pode ser um paradigma para o problema da relação entre aprendizado e desenvolvimento. A linguagem surge inicialmente como um meio de comunicação entre a criança e as pessoas em seu ambiente. Somente depois, quando da conversão em fala interior, ela vem a organizar o pensamento da criança, ou seja, torna-se uma função mental interna. Piaget e outros demonstram que, antes que o raciocínio ocorra como uma atividade interna, ele é elaborado, num grupo de crianças, como uma discussão que tem por objetivo provar o ponto de vista de cada uma. Essa discussão em grupo tem como aspecto característico o fato de cada criança começar a perceber e checar as bases de seus pensamentos. Tais observações fizeram com que Piaget concluísse que a comunicação gera a necessidade de checar e confirmar pensamentos, um processo que é característico do pensamento adulto[7]. Da mesma maneira que as interações entre a criança e as pessoas no seu ambiente desenvolvem a fala interior e o pensamento reflexivo, essas inte-

....
7. Piaget, *Language and Thought*.

rações propiciam o desenvolvimento do comportamento voluntário da criança. Piaget demonstrou que a cooperação fornece a base para o desenvolvimento do julgamento moral pela criança. Pesquisas anteriores estabeleceram que, em primeiro lugar, a criança se torna capaz de subordinar seu comportamento às regras de uma brincadeira de grupo, e que somente mais tarde surge a autorregulação voluntária do comportamento como uma função interna.

Esse exemplos individuais ilustram uma lei geral do desenvolvimento das funções mentais superiores, a qual achamos que pode ser aplicada em sua totalidade aos processos de aprendizado das crianças. Propomos que um aspecto essencial do aprendizado é o fato de ele criar a zona de desenvolvimento proximal; ou seja, o aprendizado desperta vários processos internos de desenvolvimento, que são capazes de operar somente quando a criança interage com pessoas em seu ambiente e quando em cooperação com seus companheiros. Uma vez internalizados, esses processos tornam-se parte das aquisições do desenvolvimento independente da criança.

Desse ponto de vista, aprendizado não é desenvolvimento; entretanto, o aprendizado adequadamente organizado resulta em desenvolvimento mental e põe em movimento vários processos de desenvolvimento que, de outra forma, seriam impossíveis de acontecer. Assim, o aprendizado é um aspecto necessário e universal do processo de desenvolvimento das funções psicológicas culturalmente organizadas e especificamente humanas.

Resumindo, o aspecto mais essencial de nossa hipótese é a noção de que os processos de desenvolvimento não coincidem com os processos de aprendizado. Ou melhor, o processo de desenvolvimento progride de forma mais lenta e atrás do processo de aprendizado; desta sequenciação resultam, então, as zonas de desenvolvimento proximal. Nossa análise modifica a visão tradicional, segundo a qual, no momento em que uma criança assimila o significado de uma palavra, ou domina uma operação tal como a adição ou a linguagem escrita, seus processos de desenvolvimento estão basicamente completos. Na verdade, naquele momento eles apenas começaram. A maior consequência de analisar o processo educacional dessa maneira é mostrar que, por exemplo, o domínio inicial das quatro operações aritméticas fornece a base para o desenvolvimento subsequente de vários processos internos altamente complexos no pensamento das crianças.

Nossa hipótese estabelece a unidade, mas não, a identidade entre os processos de aprendizado e os processos de desenvolvimento interno. Ela pressupõe que um seja convertido no outro. Portanto, torna-se uma preocupação importante na pesquisa psicológica mostrar como se internalizam o conhecimento externo e as capacidades nas crianças.

Toda pesquisa tem por objetivo explorar alguma esfera da realidade. Um objetivo da análise psicológica do desenvolvimento é descrever as relações internas dos processos intelectuais despertados pelo aprendizado escolar. Quanto a isso, tal análise deve ser dirigida para dentro e é análoga ao uso de raios X. Se bem-sucedida, deve revelar ao professor como os processos de desenvolvimento estimulados pelo aprendizado escolar são "embutidos na cabeça" de cada criança. A revelação dessa rede interna e subterrânea de desenvolvimento de escolares é uma tarefa de importância primordial para as análises psicológica e educacional.

Um segundo aspecto essencial de nossa hipótese é a noção de que, embora o aprendizado esteja diretamente relacionado ao curso do desenvolvimento da criança, os dois nunca são realizados em igual medida ou em paralelo. O desenvolvimento nas crianças nunca acompanha o aprendizado escolar da mesma maneira como uma sombra acompanha o objeto que o projeta. Na realidade, existem relações dinâmicas altamente complexas entre os processos de desenvolvimento e de aprendizado, as quais não podem ser englobadas por uma formulação hipotética imutável.

Cada assunto tratado na escola tem a sua própria relação específica com o curso do desenvolvimento da criança, relação essa que varia à medida que a criança vai de um estágio para outro.

Isso nos leva diretamente a reexaminar o problema da disciplina formal, isto é, a importância de cada assunto em particular do ponto de vista do desenvolvimento mental global. Obviamente, o problema não pode ser solucionado usando-se uma fórmula qualquer; para resolver essa questão são necessárias pesquisas concretas altamente diversificadas e extensas, baseadas no conceito de zona de desenvolvimento proximal.

Capítulo 7
O papel do brinquedo no desenvolvimento

Definir o brinquedo como uma atividade que dá prazer à criança é incorreto por duas razões. Primeiro, muitas atividades dão à criança experiências de prazer muito mais intensas do que o brinquedo, como, por exemplo, chupar chupeta, mesmo que a criança não se sacie. E, segundo, existem jogos nos quais a própria atividade não é agradável, como, por exemplo, predominantemente no fim da idade pré-escolar, jogos que só dão prazer à criança se ela considera o resultado interessante. Os jogos esportivos (não somente os esportes atléticos, mas também outros jogos que podem ser ganhados ou perdidos) são, com muita frequência, acompanhados de desprazer, quando o resultado é desfavorável para a criança.

No entanto, enquanto o prazer não pode ser visto como uma característica definidora do brinquedo, parece-me que as teorias que ignoram o fato de que o brinquedo preenche necessidades da criança nada mais são do que uma intelectualização pedante da atividade de brincar. Referindo-se ao desenvolvimento da criança em termos mais gerais, muitos teóricos ignoram, erroneamente, as necessidades das crianças – entendidas em seu sentido mais amplo, que inclui tudo aquilo que é motivo para a ação. Frequentemente descrevemos o desenvolvimento da criança como o de suas funções intelectuais; toda criança se apresenta para nós como um teórico, caracterizado pelo nível de desenvolvimento intelectual superior ou inferior, que se desloca de um estágio a outro. Porém, se ignoramos as necessidades da criança e os incentivos que são eficazes para colocá-la em ação, nunca seremos capazes de entender seu avanço de um estágio do desenvolvimento para outro, porque todo avanço está conectado com uma mudança acentuada nas motivações, tendências e incentivos. Aquilo que é de grande interesse para um bebê deixa de interessar uma criança um pouco maior. A maturação das necessidades é um tópico predominante nessa discussão, pois é impossível ignorar que a criança satisfaz certas necessidades no brinquedo. Se não entendemos o caráter especial dessas necessidades, não podemos entender a singularidade do brinquedo como uma forma de atividade.

A tendência de uma criança muito pequena é satisfazer seus desejos imediatamente; normalmente, o intervalo entre um desejo e a sua satisfação é extremamente curto. Certamente ninguém jamais encontrou uma criança com menos de três anos que quisesse fazer alguma coisa dali a alguns dias, no futuro. Entretanto, na idade pré-escolar surge uma grande quantidade de tendências e desejos não possíveis de serem realizados de imediato. Acredito que, se as necessidades não realizáveis imediatamente não se desenvolvessem durante os anos escolares, não existiriam os brinquedos, uma vez que eles parecem ser inventados justamente quando as crianças começam a experimentar tendências irrealizáveis. Suponha que uma criança muito pequena (talvez com dois anos e meio) queira alguma coisa – por exemplo, ocupar o papel de sua mãe. Ela quer isso imediatamente. Se não puder tê-lo, poderá ficar muito mal-humorada; no entanto, comumente, poderá ser distraída e acalmada de forma que esqueça seu desejo. No início da idade pré-escolar, quando surgem os desejos que não podem ser imediatamente satisfeitos ou esquecidos, e permanece ainda a característica do estágio precedente de uma tendência para a satisfação imediata desses desejos, o comportamento da criança muda. Para resolver essa tensão, a criança em idade pré-escolar envolve-se num mundo ilusório e imaginário onde os desejos não realizáveis podem ser realizados, e esse mundo é o que chamamos de brinquedo. A imaginação é um processo psicológico novo para a criança; representa uma forma especificamente humana de atividade consciente, não está presente na consciência de crianças muito pequenas e está totalmente ausente em animais. Como todas as funções da consciência, ela surge originalmente da ação. O velho adágio de que o brincar da criança é imaginação em ação deve ser invertido; podemos dizer que a imaginação, nos adolescentes e nas crianças em idade pré-escolar, é o brinquedo sem ação.

A partir dessa perspectiva, torna-se claro que o prazer derivado do brinquedo na idade pré-escolar é controlado por motivações diferentes daquelas do simples chupar chupeta. Isso não quer dizer que todos os desejos não satisfeitos dão origem a brinquedos (como, por exemplo, quando a criança quer andar de carrinho, e esse desejo não é imediatamente satisfeito, então, a criança vai para o seu quarto e faz de conta que está andando de carrinho). Raramente as coisas acontecem exatamente dessa maneira. Tampouco a presença de tais emoções generalizadas no brinquedo significa que a própria criança entende as motivações que dão origem ao jogo. Quanto a isso, o brinquedo difere substancialmente do trabalho e de outras formas de atividade.

Assim, ao estabelecer critérios para distinguir o brincar da criança de outras formas de atividade, concluímos que no brinquedo a criança cria uma situação imaginária. Esta não é uma ideia nova, na medida em que situações imaginárias no brinquedo sempre foram reconhecidas; no entanto, sempre foram vistas somente como um tipo de brincadeira. A situação imaginária não era considerada como uma característica definidora do brinquedo em geral, mas era tratada como um atributo de subcategorias específicas do brinquedo.

Considero essas ideias insatisfatórias sob três aspectos. Primeiro, se o brinquedo é entendido como simbólico, existe o perigo de que ele possa vir a ser considerado como uma atividade semelhante à álgebra; isto é, o brinquedo, como a álgebra, poderia ser considerado como um sistema de signos que generalizam a realidade, sem nenhuma característica que eu considero específica do brinquedo. A criança poderia ser vista como um desafortunado especialista em álgebra que, não conseguindo escrever os símbolos, representa-os na ação. Acredito que o brinquedo não é uma ação simbólica no sentido próprio do termo, de forma que se torna essencial mostrar o papel da motivação no brinquedo. Segundo, esse argumento, enfatizando a importância dos processos cognitivos, negligencia não somente a motivação como também as circunstâncias da atividade da criança. E, terceiro, essas abordagens não nos ajudam a compreender o papel do brinquedo no desenvolvimento posterior.

Se todo brinquedo é, realmente, a realização na brincadeira das tendências que não podem ser imediatamente satisfeitas, então os elementos das situações imaginárias constituirão, automaticamente, uma parte da atmosfera emocional do próprio brinquedo. Consideremos a atividade da criança durante o brinquedo. Qual o significado do comportamento de uma criança numa situação imaginária? Sabemos que o desenvolvimento do jogar com regras começa no fim da idade pré-escolar e desenvolve-se durante a idade escolar. Vários pesquisadores, embora não pertencentes ao grupo dos materialistas dialéticos, trataram esse assunto segundo linhas de abordagem recomendadas por Marx, quando ele dizia que "a anatomia do homem é a chave para a anatomia dos macacos antropoides". Eles começaram seus estudos das primeiras atividades de brinquedo à luz do brinquedo baseado em regras que se desenvolvem posteriormente e concluíram que o brinquedo envolvendo uma situação imaginária é, de fato, um brinquedo baseado em regras.

Pode-se ainda ir além e propor que não existe brinquedo sem regras. A situação imaginária de qualquer forma de brinquedo já contém regras de comportamento, embora possa não ser um jogo com regras formais estabelecidas *a priori*. A criança imagina-se como mãe e a boneca como criança e, dessa forma, deve obedecer as regras do comportamento maternal. Sully já observara que, notavelmente, crianças pequenas podem fazer coincidir a situação de brinquedo e a realidade[1]. Ele descreveu um caso em que duas irmãs, com idades de cinco e sete anos, disseram uma para outra: "Vamos brincar de irmãs?". Elas estavam encenando a realidade. É muito fácil, por exemplo, fazer uma criança brincar de ser criança enquanto a mãe representa o papel de mãe, ou seja, brincar do que é realmente verdadeiro. A diferença fundamental, como Sully descreve, é que, ao brincar, a criança tenta ser o que ela pensa que uma irmã deveria ser. Na vida, a criança comporta-se sem pensar que ela é a irmã de sua irmã. Entretanto, no jogo em que as irmãs brincam de "irmãs", ambas estão preocupadas em exibir seu comportamento de irmã; o fato de as duas irmãs terem decidido brincar de irmãs induziu-as a adquirir regras de comportamento. Somente as ações que se ajustam a essas regras são aceitáveis para a situação de brinquedo: elas se vestem como, falam como, enfim, encenam tudo o que enfatiza suas relações como irmãs à vista de adultos e estranhos. A mais velha, segurando a mais nova pela mão, pode falar, referindo-se a outras pessoas: "Aquilo é delas, não nosso". Isso significa: "Eu e minha irmã agimos da mesma maneira e somos tratadas da mesma maneira, mas os outros são tratados de maneira diferente". Neste exemplo a ênfase está na similitude de tudo o que está ligado ao conceito que a criança tem de irmã; como resultado do brincar, a criança passa a entender que as irmãs têm entre elas uma relação diferente daquela que têm com outras pessoas. O que na vida real passa despercebido pela criança torna-se uma regra de comportamento no brinquedo.

O que restaria se o brinquedo fosse estruturado de tal maneira que não houvesse situações imaginárias? Restariam as regras. Sempre que há uma situação imaginária no brinquedo, há regras – não as regras previamente formuladas e que mudam durante o jogo, mas as que têm sua origem na própria situação imaginária. Portanto, a noção de que uma criança pode

....
1. J. Sully, *Estudos sobre a infância*, Moscou, 1904, em russo, p. 48.

se comportar em uma situação imaginária sem regras é simplesmente incorreta. Se a criança está representando o papel de mãe, então ela obedece às regras de comportamento maternal. O papel que a criança representa e a relação dela com um objeto (se o objeto tem seu significado modificado) originar-se-ão sempre das regras.

A princípio parecia que a única tarefa do pesquisador ao analisar o brinquedo era revelar as regras ocultas em todo brinquedo; no entanto, tem-se demonstrado que os assim chamados jogos puros com regras são, essencialmente, jogos com situações imaginárias. Da mesma forma que uma situação imaginária tem de conter regras de comportamento, todo jogo com regras contém uma situação imaginária. Jogar xadrez, por exemplo, cria uma situação imaginária. Por quê? Porque o cavalo, o rei, a rainha etc. só podem se mover de maneiras determinadas; porque proteger e comer peças são, puramente, conceitos de xadrez. Embora no jogo de xadrez não haja uma substituição direta das relações da vida real, ele é, sem dúvida, um tipo de situação imaginária. O mais simples jogo com regras transforma-se imediatamente numa situação imaginária, no sentido de que, assim que o jogo é regulamentado por certas regras, várias possibilidades de ação são eliminadas.

Assim como fomos capazes de mostrar, no começo, que toda situação imaginária contém regras de uma forma oculta, também demonstramos o contrário – que todo jogo com regras contém, de forma oculta, uma situação imaginária. O desenvolvimento a partir de jogos em que há uma situação imaginária às claras e regras ocultas para jogos com regras às claras e uma situação imaginária oculta delineia a evolução do brinquedo das crianças.

Ação e significado no brinquedo

É enorme a influência do brinquedo no desenvolvimento de uma criança. Para uma criança com menos de três anos, é essencialmente impossível envolver-se numa situação imaginária, uma vez que isso seria uma forma nova de comportamento que liberaria a criança das restrições impostas pelo ambiente imediato. O comportamento de uma criança muito pequena é determinado, de maneira considerável – e o de um bebê, de maneira absoluta –, pelas condições em que a atividade ocorre, como mostraram os experimentos de Lewin e outros[2]. Por exemplo, a grande dificuldade que uma criança pequena tem em perceber que, para sentar-se numa pedra, é preciso primeiro virar de costas para ela, como demonstrou Lewin, ilustra o quanto a criança muito pequena está limitada em todas as ações pela restrição situacional. É difícil imaginar um contraste maior entre o que se observa no brinquedo e as restrições situacionais na atividade mostrada pelos experimentos de Lewin. É no brinquedo que a criança aprende a agir numa esfera cognitiva, em vez de uma esfera visual externa, dependendo das motivações e tendências internas e não dos incentivos fornecidos pelos objetos externos. Um estudo de Lewin sobre a natureza motivadora dos objetos para uma criança muito pequena conclui que os *objetos* ditam à criança o que ela tem de fazer: uma porta solicita que a abram e fechem, uma escada, que a subam, uma campainha, que a toquem. Resumindo, os objetos têm uma tal força motivadora inerente, no que diz respeito às ações de uma criança muito pequena, e determinam tão extensivamente o comportamento da criança, que Lewin chegou a criar uma topologia psicológica: ele expressou, matematicamente, a trajetória do movimento da criança num campo, de acordo com a distribuição dos objetos, com diferentes forças de atração ou repulsão.

A raiz das restrições situacionais sobre uma criança situa-se no aspecto principal da consciência característica da primeira infância: a união de motivações e percepção. Nesta idade, a percepção não é, em geral, um aspecto independente, mas, ao contrário, é um aspecto integrado de uma reação motora. Toda percepção é um estímulo para a atividade. Uma vez que uma si-

....
2. Lewin, *A Dynamic Theory of Personality*, p. 96.

tuação é comunicada psicologicamente através da percepção, e desde que a percepção não está separada da atividade motivacional e motora, é compreensível que a criança, com sua consciência estruturada dessa maneira, seja restringida pela situação em que se encontra.

No brinquedo, no entanto, os objetos perdem sua força determinadora. *A criança vê um objeto, mas age de maneira diferente em relação àquilo que vê. Assim, é alcançada uma condição em que a criança começa a agir independentemente daquilo que vê.* Certos pacientes (com lesão cerebral) perdem a capacidade de agir independentemente do que veem. Considerando tais pacientes, pode-se avaliar que a liberdade de ação que os adultos e as crianças mais maduras possuem não é adquirida num instante, mas tem de seguir um longo processo de desenvolvimento.

A ação numa situação imaginária ensina a criança a dirigir seu comportamento não somente pela percepção imediata dos objetos ou pela situação que a afeta de imediato, mas também pelo significado dessa situação. Observações do dia a dia e experimentos mostram, claramente, que é impossível para uma criança muito pequena separar o campo do significado do campo da percepção visual, uma vez que há uma fusão muito íntima entre o significado e o que é visto. Quando se pede a uma criança de dois anos que repita a sentença "Tânia está de pé", quando Tânia está sentada na sua frente, ela mudará a frase para "Tânia está sentada". Exatamente a mesma situação é encontrada em certas doenças. Goldstein e Gelb descreveram vários pacientes que eram incapazes de afirmar alguma coisa que não fosse verdadeira[3]. Gelb possui dados de um paciente que era canhoto e incapaz de escrever a sentença: "Eu consigo escrever bem com minha mão direita". Ao olhar pela janela num dia bonito, ele é incapaz de repetir "O tempo está feio hoje", mas dirá "O tempo está bonito". Observamos, frequentemente, que um paciente com distúrbios na fala é incapaz de repetir frases sem

....

3. Ver K. Goldstein, *Language and Language Disorders*, Nova Iorque, Greene and Stratton, 1948.

sentido, como, por exemplo, "A neve é preta", enquanto outras frases com mesmo grau de dificuldade em sua construção gramatical e semântica podem ser repetidas. Esta ligação entre percepção e significado pode ser vista no processo de desenvolvimento da fala nas crianças. Quando você diz para a criança "relógio", ela passa a olhar para o relógio. A palavra tem o significado, originalmente, de uma localização espacial particular.

Na idade pré-escolar ocorre, pela primeira vez, uma divergência entre os campos do significado e da visão. No brinquedo, o pensamento está separado dos objetos, e a ação surge das ideias e não, das coisas: um pedaço de madeira torna-se um boneco, e um cabo de vassoura torna-se um cavalo. A ação regida por regras começa a ser determinada pelas ideias e não pelos objetos. Isso representa uma tamanha inversão da relação da criança com a situação concreta, real e imediata, que é difícil subestimar seu pleno significado. A criança não realiza toda essa transformação de uma só vez, porque é extremamente difícil para ela separar o pensamento (o significado de uma palavra) dos objetos.

O brinquedo fornece um estágio de transição nessa direção sempre que um objeto (um cabo de vassoura, por exemplo) torna-se um pivô dessa separação (no caso, a separação entre o significado "cavalo" de um cavalo real). A criança não consegue, ainda, separar o pensamento do objeto real. A debilidade da criança está no fato de que, para imaginar um cavalo, ela precisa definir a sua ação usando um "cavalo de pau" como pivô. Nesse ponto crucial, a estrutura básica determinante da relação da criança com a realidade está radicalmente mudada, porque muda a estrutura de sua percepção.

Como discuti nos capítulos anteriores, um aspecto especial da percepção humana, que surge muito cedo na vida da criança, é a assim chamada percepção dos objetos reais, ou seja, não somente a percepção de cores e formas, mas também de significados. Isso é algo para o que não há analogia na percepção animal. Os seres humanos não veem meramente alguma coisa redonda e branca com dois ponteiros; eles veem um relógio e podem distinguir uma coisa da outra. Assim, a estrutura da percepção humana pode ser expressa, figurativamente, como uma razão na qual o objeto é o numerador, e o significado é o denominador ($\frac{objeto}{significado}$). Essa razão simboliza a ideia de que toda a percepção humana é feita de percepções generalizadas e não isoladas. Para a criança, o objeto é dominante na razão $\frac{objeto}{significado}$ e o significado subordina-se a ele. No momento crucial em que, por exemplo, um cabo de vassoura torna-se o pivô da separação do significado "cavalo" do cavalo real, essa razão inverte-se e o significado passa a predominar, resultando na razão significado/objeto.

Isso não quer dizer que as propriedades das coisas como tais não têm significado. Qualquer cabo de vassoura pode ser um cavalo mas, por exemplo, um cartão-postal não pode ser um cavalo para uma criança. É incorreta a afirmação de Goethe de que no brinquedo qualquer objeto pode ser qualquer coisa para uma criança. É claro que, para os adultos que podem fazer um uso consciente dos símbolos, um cartão-postal *pode ser* um cavalo. Se eu quiser representar alguma coisa, eu posso, por exemplo, pegar um palito de fósforo e dizer: "isto é um cavalo". Isso seria suficiente. Para uma criança, entretanto, o palito de fósforo não pode ser um cavalo uma vez que não pode ser usado como tal, diferentemente de um cabo de vassoura; devido a essa falta de substituição livre, o brinquedo, e não a simbolização, é a atividade da criança. Um símbolo é um signo, mas o cabo de vassoura não funciona como signo de um cavalo para a criança, a qual considera ainda a propriedade das coisas, mudando, no entanto, seu significado. No brinquedo, o significado torna-se o ponto central, e os objetos são deslocados de uma posição dominante para uma posição subordinada.

No brinquedo, a criança opera com significados desligados dos objetos e ações aos quais estão habitualmente vinculados; entretanto, uma contradição muito interessante surge, uma vez que, no brinquedo, ela inclui, também, ações reais e objetos reais. Isso caracteriza a natureza de transição da atividade do brinquedo: é um estágio entre as restrições puramente situacionais da primeira infância e o pensamento adulto, que pode ser totalmente desvinculado de situações reais.

Quando um cabo de vassoura torna-se o pivô da separação do significado "cavalo" do cavalo real, a criança faz com que um objeto influencie outro semanticamente. Ela não pode separar o significado de um objeto ou uma palavra do objeto, exceto usando alguma outra coisa como pivô. A transferência de significados é facilitada pelo fato de a criança reconhecer numa palavra a propriedade de um objeto; ela vê não a palavra, mas o objeto que ela designa. Para uma criança, a palavra "cavalo" aplicada ao cabo de vassoura significa "eis um cavalo", porque mentalmente ela vê o objeto por trás da palavra. Um estágio vital de transição em direção à operação com significados ocorre quando, pela primeira vez, a criança lida com os significados como se fossem objetos (como, por exemplo, ela lida com o cabo de vassoura pensando ser um cavalo). Numa fase posterior ela realiza esses atos de forma consciente. Nota-se essa mudança, também, no fato de que, antes de a criança ter adquirido linguagem gramatical e escrita, ela sabe como fazer várias coisas sem saber que sabe. Ou seja, ela não domina essas atividades voluntariamente. No brinquedo, espontaneamente, a criança usa sua capacidade de separar significado do objeto sem saber que o está fazendo, da mesma forma que ela não sabe estar falando em prosa e, no entanto, fala, sem prestar atenção às palavras. Dessa forma, através do brinquedo, a criança atinge uma definição funcional de conceitos ou de objetos, e as palavras passam a se tornar parte de algo concreto.

A criação de uma situação imaginária não é algo fortuito na vida da criança; pelo contrário, é a primeira manifestação da emancipação da criança em relação às restrições situacionais. O primeiro paradoxo contido no brinquedo é que a criança opera com um significado alienado numa situação real. O segundo é que, no brinquedo, a criança segue o caminho do menor esforço – ela faz o que mais gosta de fazer, porque o brinquedo está unido ao prazer – e, ao mesmo tempo, aprende a seguir os caminhos mais difíceis, subordinando-se a regras e, por conseguinte, renunciando ao que ela quer, uma vez que a sujeição a regras e a renúncia à ação impulsiva constitui o caminho para o prazer no brinquedo.

Continuamente a situação de brinquedo exige que a criança aja contra o impulso imediato. A cada passo a criança se vê diante de um conflito entre as regras do jogo e o que ela faria se pudesse, de repente, agir espontaneamente. No jogo, ela age de maneira contrária à que gostaria de agir. O maior autocontrole da criança ocorre na situação de brinquedo. Ela mostra o máximo de força de vontade quando renuncia a uma atração imediata do jogo (como, por exemplo, uma bala que, pelas regras, é proibido comer, uma vez que se trata de algo não comestível). Comumente, uma criança experiencia subordinação a regras ao renunciar a algo que quer, mas, aqui, a subordinação a uma regra e a renúncia de agir sob impulsos imediatos são os meios de atingir o prazer máximo.

Assim, o atributo essencial do brinquedo é que uma regra torna-se um desejo. As noções de Espinosa de que "uma ideia que se tornou um desejo, um conceito que se transformou numa paixão", encontram seu protótipo no brinquedo, que é o reino da espontaneidade e liberdade. Satisfazer às regras é uma fonte de prazer. A regra vence porque é o impulso mais forte. Tal regra é uma regra interna, uma regra de autocontenção e autodeterminação, como diz Piaget, e não uma regra que a criança obedece à semelhança de uma lei física. Em resumo, o brinquedo cria na criança uma nova forma de desejos. Ensina-a a desejar, relacionando seus desejos a um "eu" fictício, ao seu papel no jogo e suas regras. Dessa maneira, as maiores aquisições de uma criança são conseguidas no brinquedo, aquisições que no futuro tornar-se-ão seu nível básico de ação real e moralidade.

Separando ação e significado

Podemos, agora, dizer sobre a atividade da criança o mesmo que dissemos sobre os objetos. Assim como tínhamos a razão

Implicações educacionais

$\frac{\text{objeto}}{\text{significado}}$ temos também a razão $\frac{\text{ação}}{\text{significado}}$. Enquanto no início do desenvolvimento domina a ação, posteriormente essa estrutura se inverte: o significado torna-se o numerador, enquanto a ação ocupa o lugar de denominador.

Numa criança em idade escolar, inicialmente a ação predomina sobre o significado e não é completamente compreendida. A criança é capaz de fazer mais do que ela pode compreender. Mas é nessa idade que surge pela primeira vez uma estrutura de ação na qual o significado é o determinante, embora a influência do significado sobre o comportamento da criança deva se dar dentro dos limites fornecidos pelos aspectos estruturais da ação. Tem-se mostrado que crianças, ao brincar de comer, realizam com suas mãos ações semiconscientes do comer real, sendo impossíveis todas as ações que não represente o comer. Assim, mostrou-se não ser possível, por exemplo, colocar-se as mãos para trás em vez de estendê-las em direção ao prato, uma vez que tal ação teria um efeito destrutivo sobre o jogo. Uma criança não se comporta de forma puramente simbólica no brinquedo; em vez disso, ela quer e realiza seus desejos, permitindo que as categorias básicas da realidade passem através de sua experiência. A criança, ao querer, realiza seus desejos. Ao pensar, ela age. As ações internas e externas são inseparáveis: a imaginação, a interpretação e a vontade são processos internos conduzidos pela ação externa. O que foi dito sobre a separação do significado dos objetos aplica-se igualmente às próprias ações da criança. Uma criança que bate com os pés no chão e imagina-se cavalgando um cavalo inverteu, por conseguinte, a razão $\frac{\text{ação}}{\text{significado}}$ para a razão $\frac{\text{significado}}{\text{ação}}$.

A história do desenvolvimento da relação entre significado e ação é análoga à história do desenvolvimento da relação $\frac{\text{significado}}{\text{objeto}}$. Para separar o significado de uma ação real (cavalgar um cavalo, sem a oportunidade de fazê-lo), a criança necessita de um pivô na forma de uma ação que substitui a ação real. Enquanto a ação começa como numerador da estrutura $\frac{\text{significado}}{\text{ação}}$, neste momento, a estrutura inverte-se e o significado torna-se o numerador. A ação recua para o segundo plano e torna-se o pivô; novamente, significado separa-se da ação através de uma ação diferente. Este é outro exemplo da maneira pela qual o comportamento humano passa a depender de operações baseadas em significados, em que as motivações que iniciam o comportamento estão nitidamente separadas da realização. Entretanto, separar significado de objeto tem consequências diferentes da separação entre significado e ação. Assim como operar com o significado de *coisas* leva ao pensamento abstrato, observamos que o desenvolvimento da vontade, a capacidade de fazer escolhas conscientes, ocorre quando a criança opera com o significado de *ações*. No brinquedo, uma ação substitui outra ação, assim como um objeto substitui outro objeto.

Como a criança se desloca de um objeto para outro, de uma ação para outra? Isso se dá graças a um movimento no campo do significado – o qual subordina a ele todos os objetos e ações reais. O comportamento não é determinado pelo campo perceptivo imediato. No brinquedo, predomina esse movimento no campo do significado. Por um lado, ele representa movimento num campo abstrato (o qual, assim, aparece no brinquedo antes do aparecimento da operação voluntária com significados). Por outro lado, o método do movimento é situacional e concreto. (É uma mudança afetiva, e não lógica.) Em outras palavras, surge o campo do significado, mas a ação dentro dele ocorre assim como na realidade. Por esse fato o brinquedo contribui com a principal contradição para o desenvolvimento.

Conclusão

Eu gostaria de concluir esta discussão sobre o brinquedo mostrando, primeiro, que ele não é o aspecto predominante da infância, mas é um fator muito importante do desenvolvimento. Em segundo lugar, quero demonstrar o significado da mudança que ocorre no desenvolvimento do próprio brinquedo, de uma predominância de situações imaginárias para a predominância de regras. E, em terceiro, quero mostrar as transformações internas no desenvolvimento da criança que surgem em consequência do brinquedo.

De que forma o brinquedo está relacionado ao desenvolvimento? O comportamento da criança nas situações do dia a dia é, quanto a seus fundamentos, oposto a seu comportamento no brinquedo. No brinquedo, a ação está subordinada ao significado: já, na vida real, obviamente a ação domina o significado. Portanto, é absolutamente incorreto considerar o brinquedo como um protótipo e forma predominante da atividade do dia a dia da criança.

Essa é a principal incorreção na teoria de Koffka. Ele considera o brinquedo como o outro mundo da criança[4]. Tudo o que diz respeito à criança é realidade de brincadeira, enquanto tudo o que diz respeito ao adulto é realidade séria. Um dado objeto tem um significado no brinquedo e outro significado fora dele. No mundo da criança, a lógica dos desejos e o ímpeto de satisfazê-los domina, e não a lógica real. A natureza ilusória do brinquedo é transferida para a vida. Tudo isso seria verdade se o brinquedo fosse de fato a forma predominante da atividade da criança. No entanto, é difícil aceitar esse quadro insano que nos vem à mente na medida em que admitimos essa forma de atividade como a predominante no dia a dia da criança, mesmo se parcialmente transferida para a vida real.

Koffka dá vários exemplos para mostrar como uma criança transfere uma situação de brinquedo para a vida. Mas a transferência ubíqua do comportamento de brinquedo para a vida real só poderia ser considerada como um sintoma doentio. Comportar-se numa situação real como numa situação ilusória é o primeiro sinal de delírio. Situações de brinquedo na vida real só são encontradas habitualmente num tipo de jogo em que as crianças brincam aquilo que de fato estão fazendo, criando, de forma evidente, associações que facilitam a execução de uma

---
....

4. K. Koffka, *The Growth of the Mind*, pp. 381 ss.

ação desagradável (como, por exemplo, quando as crianças não querem ir para a cama e dizem: "Vamos fazer de conta que é noite e que temos de ir dormir"). Assim, parece-me que o brinquedo não é o tipo de atividade predominante na idade pré-escolar. Somente as teorias que afirmam que a criança não tem de satisfazer às necessidades básicas da vida, mas pode viver à procura do prazer, poderiam sugerir, possivelmente, que o mundo da criança é o mundo do brinquedo.

Considerando esse assunto a partir de uma perspectiva oposta, será que poderia supor que o comportamento da criança é sempre guiado pelo significado? Que o comportamento de uma criança em idade pré-escolar é tão árido que ela nunca se comporta espontaneamente, simplesmente porque pensa que poderia se comportar de outra maneira? Essa subordinação estrita às regras é quase impossível na vida, no entanto, torna-se possível no brinquedo. Assim, o brinquedo cria uma zona de desenvolvimento proximal da criança. No brinquedo, a criança sempre se comporta além do comportamento habitual de sua idade, além de seu comportamento diário; no brinquedo, é como se ela fosse maior do que é na realidade. Como no foco de uma lente de aumento, o brinquedo contém todas as tendências do desenvolvimento sob forma condensada, sendo, ele mesmo, uma grande fonte de desenvolvimento.

Apesar de a relação brinquedo e desenvolvimento poder ser comparada à relação instrução e desenvolvimento, o brinquedo fornece ampla estrutura básica para mudanças da necessidade e da consciência. A ação na esfera imaginativa, numa situação imaginária, a criação das intenções voluntárias e a formação dos planos da vida real e motivações volitivas – tudo aparece no brinquedo, que se constitui, assim, no mais alto nível de desenvolvimento pré-escolar. A criança desenvolve-se, essencialmente, através da atividade de brinquedo. Somente nesse sentido o brinquedo pode ser considerado uma atividade condutora que determina o desenvolvimento da criança.

Como muda o brinquedo? É notável que a criança comece com uma situação imaginária que, inicialmente, é tão próxima da situação real. O que ocorre é uma reprodução da situação real. Uma criança brincando com uma boneca, por exemplo, repete quase exatamente o que sua mãe faz com ela. Isso significa que, na situação original, as regras operam sob uma forma condensada e comprimida. Há muito pouco de imaginário. É uma situação imaginária, mas é compreensível somente à luz de uma situação real que, de fato, tenha acontecido. O brinquedo é muito mais a lembrança de alguma coisa que realmente aconteceu do que imaginação. É mais a memória em ação do que uma situação imaginária nova.

À medida que o brinquedo se desenvolve, observamos um movimento em direção à realização consciente de seu propósito. É incorreto conceber o brinquedo como uma atividade sem propósito. Nos jogos atléticos, pode-se ganhar ou perder; numa corrida, pode-se chegar em primeiro, segundo ou último lugar. Em resumo, o propósito decide o jogo e justifica a atividade. O propósito, como objetivo final, determina a atitude afetiva da criança no brinquedo. Ao correr, uma criança pode estar em alto grau de agitação ou preocupação e restará pouco prazer, uma vez que ela ache que correr é doloroso; além disso, se ela for ultrapassada, experimentará pouco prazer funcional. Nos esportes, o propósito do jogo é um de seus aspectos dominantes, sem o qual ele não teria sentido – seria como examinar um doce, colocá-lo na boca, mastigá-lo e então cuspi-lo. Naquele brinquedo, o objetivo, que é vencer, é previamente reconhecido.

No final do desenvolvimento surgem as regras, e, quanto mais rígidas elas são, maior a exigência de atenção da criança, maior a regulação da atividade da criança, mais tenso e agudo torna-se o brinquedo. Correr simplesmente, sem propósito ou regras, é entediante e não tem atrativo para a criança. Consequentemente, na forma mais avançada do desenvolvimento do brinquedo, emerge um complexo de aspectos originalmente não desenvolvidos – aspectos que tinham sido secundários ou incidentais no início ocupam uma posição central no fim, e vice-versa.

Em um sentido, no brinquedo a criança é livre para determinar suas próprias ações. No entanto, em outro sentido, é uma liberdade ilusória, pois suas ações são, de fato, subordinadas aos significados dos objetos, e a criança age de acordo com eles. Sob o ponto de vista do desenvolvimento, a criação de uma situação imaginária pode ser considerada como um meio para desenvolver o pensamento abstrato. O desenvolvimento correspondente de regras conduz a ações, com base nas quais se torna possível a divisão entre trabalho e brinquedo, divisão esta encontrada na idade escolar como um fato fundamental.

Tal como disse, em sentido figurado, um pesquisador, para uma criança com menos de três anos o brinquedo é um jogo sério, assim como o é para um adolescente, embora, é claro, num sentido diferente da palavra; para uma criança muito pequena, brinquedo sério significa que ela brinca sem separar a situação imaginária da situação real. Para uma criança em idade escolar, o brinquedo torna-se uma forma de atividade mais limitada, predominantemente do tipo atlético, que preenche um papel específico em seu desenvolvimento e que não tem o mesmo significado do brinquedo para uma criança em idade pré-escolar. Na idade escolar, o brinquedo não desaparece, mas permeia a atitude em relação à realidade. Ele tem sua própria continuação interior na instrução escolar e no trabalho (atividade compulsória baseada em regras). A essência do brinquedo é a criação de uma nova relação entre o campo do significado e o campo da percepção visual – ou seja, entre situações no pensamento e situações reais.

Superficialmente, o brinquedo tem pouca semelhança com a forma de pensamento e a volição complexas e mediadas a que conduz. Somente uma análise interna profunda torna possível determinar o seu curso de mudanças e seu papel no desenvolvimento.

Capítulo 8
A pré-história da linguagem escrita

Até agora, a escrita ocupou um lugar muito estreito na prática escolar, em relação ao papel fundamental que ela desempenha no desenvolvimento cultural da criança. Ensinam-se as crianças a desenhar letras e construir palavras com elas, mas não se ensina a linguagem escrita. Enfatiza-se de tal forma a mecânica de ler o que está escrito que se acaba obscurecendo a linguagem escrita como tal.

Algo similar tem acontecido com o ensino de linguagem falada para surdos-mudos. A atenção tem se concentrado inteiramente na produção de letras em particular e na sua articulação distinta. Nesse caso, os professores de surdos-mudos não distinguem, por trás dessas técnicas de pronúncia, a linguagem falada, e o resultado é a produção de uma fala morta.

Explica-se essa situação, primariamente, por fatores históricos – especificamente pelo fato de que a pedagogia prática, apesar da existência de muitos métodos de ensinar a ler e escrever, tem ainda de desenvolver um procedimento científico efetivo para o ensino de linguagem escrita às crianças. Diferentemente do ensino da linguagem falada, no qual a criança pode se desenvolver por si mesma, o ensino da linguagem escrita depende de um treinamento artificial. Tal treinamento requer atenção e esforços enormes, por parte do professor e do aluno, podendo, dessa forma, tornar-se fechado em si mesmo, relegando a linguagem escrita viva a segundo plano. Em vez de se fundamentar nas necessidades naturalmente desenvolvidas das crianças e na sua própria atividade, a escrita lhes é imposta de fora, vindo das mãos dos professores. Essa situação lembra muito o processo de desenvolvimento de uma habilidade técnica, como, por exemplo, o tocar piano: o aluno desenvolve a destreza de seus dedos e aprende quais teclas deve tocar ao mesmo tempo que lê a partitura; no entanto, ele não está, de forma nenhuma, envolvido na essência da própria música.

Esse entusiasmo unilateral pela mecânica da escrita causou impacto não só no ensino como na própria abordagem teórica do problema. Até agora a psicologia tem considerado a escrita simplesmente como uma complicada habilidade motora. Notavelmente, ela tem dado muito pouca atenção à linguagem escrita como tal, isto é, um sistema particular de símbolos e signos cuja dominação prenuncia um ponto crítico em todo o desenvolvimento cultural da criança.

Um aspecto desse sistema é que ele constitui um simbolismo de segunda ordem que, gradualmente, torna-se um simbolismo direto. Isso significa que a linguagem escrita é constituída por um sistema de signos que designam os sons e as palavras da linguagem falada, os quais, por sua vez, são signos das relações e entidades reais. Gradualmente, esse elo intermediário (a linguagem falada) desaparece, e a linguagem escrita converte-se num sistema de signos que simboliza diretamente as entidades reais e as relações entre elas. Parece claro que o domínio de um tal sistema complexo de signos não pode ser alcançado de maneira puramente mecânica e externa; em vez disso, esse domínio é o culminar, na criança, de um longo processo de desenvolvimento de funções comportamentais complexas. A única forma de nos aproximarmos de uma solução correta para a psicologia da escrita é através da compreensão de toda a história do desenvolvimento dos signos na criança.

Entretanto, a história do desenvolvimento da linguagem escrita impõe dificuldades enormes à pesquisa. Até onde podemos julgar com o material disponível, ela não segue uma linha única direta na qual se mantenha algo como uma continuidade clara de formas. Em vez disso, ela nos oferece as metamorfoses mais inesperadas, isto é, transformações de algumas formas particulares de linguagem escrita em outras. Para citar a adequada expressão de Baldwin referente ao desenvolvimento das coisas, ela é constituída tanto de involuções como de evoluções[1]. Isso significa que, juntamente aos processos de desenvolvimento – movimento progressivo – e o aparecimento de formas novas, podemos distinguir, a cada passo, processos de redução, desaparecimento e desenvolvimento reverso de velhas formas. A história do desenvolvimento da linguagem escrita nas crianças é plena dessas descontinuidades. Às vezes, a sua linha de desenvolvimento parece desaparecer completamente, quando, subitamente, como que do nada, surge uma nova linha; e a princípio parece não haver continuidade alguma entre a velha e a nova. Mas somente a visão ingênua de que o desenvolvimento é um processo puramente evolutivo, envolvendo nada mais do que acúmulos graduais de pequenas mudanças e uma conversão gradual de uma forma em outra, pode esconder-nos a verdadeira natureza desses processos. Esse tipo revolucionário de desenvolvimento, no entanto, de maneira nenhuma é novo para a ciência em geral; é novo somente para a psicologia da criança. Portanto, apesar de algumas tentativas ousadas, a psicologia infantil não possui uma visão convincente do desenvolvimento da linguagem escrita como um processo histórico, como um processo unificado de desenvolvimento.

    A primeira tarefa de uma investigação científica é revelar essa pré-história da linguagem escrita; mostrar o que leva as crianças a escrever; mostrar os pontos importantes pelos quais passa esse desenvolvimento pré-histórico e qual a sua relação com o aprendizado escolar. Atualmente, apesar dos vários estudos existentes, ainda não estamos em condições de escrever uma

....
1. J. M. Baldwin, *Mental Development in the Child and the Race,* Nova Iorque, 1895; edição russa, 1912.

história coerente ou completa da linguagem escrita nas crianças. Conseguimos somente distinguir os pontos importantes nesse desenvolvimento e discutir as suas grandes mudanças. Essa história começa com o aparecimento do gesto como um signo visual para a criança.

Gestos e signos visuais

O gesto é o signo visual inicial que contém a futura escrita da criança, assim como uma semente contém um futuro carvalho. Como se tem corretamente dito, os gestos são a escrita no ar, e os signos escritos são, frequentemente, simples gestos que foram fixados. Ao discutir a história da escrita humana, Wurth assinalou as ligações entre os gestos e a escrita pictórica ou pictográfica[2]. Ele mostrou que, frequentemente, os gestos figurativos denotam simplesmente a reprodução de um signo gráfico; por outro lado, os signos frequentemente são a fixação de gestos. Uma linha que designa "indicação" na escrita pictográfica denota o dedo indicador em posição. De acordo com Wurth, todas essas designações simbólicas na escrita pictórica só podem ser explicadas como derivadas da linguagem gestual, mesmo quando, subsequentemente, tornam-se separadas dela, funcionando de maneira independente.

Existem dois outros domínios em que os gestos estão ligados à origem dos signos escritos. O primeiro é o dos rabiscos das crianças. Em experimentos realizados para estudar o ato de desenhar, observamos que, frequentemente, as crianças usam a dramatização, demonstrando por gestos o que elas deveriam mostrar nos desenhos; os traços constituem somente um suplemento a essa representação gestual. Eu poderia citar muitos outros exemplos. Uma criança que tem de desenhar o ato de correr começa por demonstrar o movimento com os dedos, encarando

....
2. Wurth (referência não disponível).

os traços e pontos resultantes no papel como uma representação do correr. Quando ela tem de desenhar o ato de pular, sua mão começa por fazer os movimentos indicativos do pular; o que acaba aparecendo no papel, no entanto, é a mesma coisa: traços e pontos. Em geral, tendemos a ver os primeiros rabiscos e desenhos das crianças mais como gestos do que como desenhos no verdadeiro sentido da palavra. Também tendemos a imputar ao mesmo tipo de fenômeno o fato, experimentalmente demonstrado, de as crianças, ao desenharem objetos complexos, não o fazerem pelas suas partes componentes, e sim pelas suas qualidades gerais, como, por exemplo, a impressão de redondo etc. Quando uma criança desenha uma lata cilíndrica como uma curva fechada que lembra um círculo, ela está, assim, desenhando sua propriedade redonda. Essa fase do desenvolvimento coincide com todo o aparato motor geral que caracteriza as crianças dessa idade e que governa toda a natureza e o estilo dos seus primeiros desenhos. Ao desenhar conceitos complexos ou abstratos, as crianças comportam-se da mesma maneira. Elas não desenham, elas indicam, e o lápis meramente fixa o gesto indicativo. Quando solicitada a desenhar um "bom tempo", a criança indicará o pé da página fazendo um movimento horizontal com a mão, explicando: "Esta é a Terra"; então, depois de realizar vários movimentos verticais para cima e para baixo, confusos: "E este é o bom tempo". Tivemos ocasião de verificar mais precisamente, em experimentos, a íntima relação entre a representação por gestos e a representação pelo desenho, e obtivemos a representação simbólica e gráfica de gestos em crianças com cinco anos.

O desenvolvimento do simbolismo no brinquedo

A segunda esfera de atividades que une os gestos e a linguagem escrita é a dos jogos das crianças. Para elas, alguns objetos podem, de pronto, denotar outros, substituindo-os e tornando-se seus signos; não é importante o grau de similaridade entre a coisa com que se brinca e o objeto denotado. O mais importante é a utilização de alguns objetos como brinquedos e a possibilidade de executar, com eles, um gesto representativo. Essa é a chave para toda a função simbólica do brinquedo das crianças. Uma trouxa de roupas ou um pedaço de madeira torna-se, num jogo, um bebê, porque os mesmos gestos que representam o segurar uma criança ou o dar-lhe de mamar podem ser aplicados a eles. O próprio movimento da criança, seus próprios gestos é que atribuem a função de signo ao objeto e lhe dão significado. Toda atividade representativa simbólica é plena desses gestos indicativos: por exemplo, para a criança, um cabo de vassoura transforma-se num cavalo de pau porque ele pode ser colocado entre as pernas, podendo a criança empregar um gesto que comunica o fato de, neste exemplo, o cabo de vassoura designar um cavalo.

Desse ponto de vista, portanto, o brinquedo simbólico das crianças pode ser entendido como um sistema muito complexo de "fala" através de gestos que comunicam e indicam os significados dos objetos usados para brincar. É somente na base desses gestos indicativos que esses objetos adquirem, gradualmente, seu significado – assim como o desenho que, de início apoiado por gestos, transforma-se num signo independente.

Tentamos estabelecer, experimentalmente, esse estágio especial particular, nas crianças, de escrita com objetos. Conduzimos brinquedos e experimentos nos quais, brincando, representamos as coisas e as pessoas envolvidas por objetos familiares. Por exemplo, um livro em pé designava uma casa; chaves significam crianças; um lápis, uma governanta; um relógio de bolso designava uma farmácia; uma faca, o médico; uma tampa de tinteiro, uma carruagem; e assim por diante. A seguir, através de gestos figurativos, usando-se esses objetos, representava-se uma história simples para as crianças. Elas podiam, com grande facilidade, ler a história. Por exemplo, o médico chega à casa numa carruagem, bate à porta, a governanta abre, ele examina as crianças, receita e sai; a governanta vai até a farmácia, volta e dá os remédios às crianças. A maioria das crianças com três anos pode ler, com grande facilidade, essa notação simbólica. Crianças de quatro ou cinco anos podem ler notações mais complexas: um homem andando pela floresta é atacado e mordido por um lobo; o homem livra-se e corre, um médico o atende, e o homem vai à farmácia e depois para casa; um caçador põe-se a caminho da floresta para matar o lobo.

O que é evidente é que a similaridade perceptiva dos objetos não tem um papel considerável para a compreensão da notação simbólica. O que importa é que os objetos admitam o gesto apropriado e possam funcionar como um ponto de aplicação dele. Dessa forma, os objetos que não permitem a realização dessa estrutura gestual são sumariamente rejeitados pelas crianças. Nesse jogo, por exemplo, que é conduzido numa mesa e que envolve objetos pequenos colocados sobre ela, se pegarmos os dedos das crianças e dissermos: "De brincadeira, suponha, agora, que seus dedos são as crianças", elas taxativamente se recusarão a brincar. Elas objetarão dizendo que não é possível existir esse jogo. Os dedos estão de tal forma conectados aos seus corpos, que não podem ser considerados objetos em relação aos quais possa corresponder um gesto indicativo. Da mesma forma, uma peça de mobília não pode estar envolvida, como objeto, na brincadeira. Os objetos cumprem uma função de substituição: o lápis substitui a governanta, ou o relógio, a farmácia; no entanto, somente os gestos adequados conferem a eles os significados. Sob a influência desses gestos, entretanto, as crianças mais velhas começam a fazer uma descoberta de importância excepcional – os objetos não só podem indicar as coisas que eles estão representando como podem, também, substituí-las. Por exemplo, quando pegamos um livro com uma capa escura e dizemos que ele representará uma floresta, a criança, espontaneamente, acrescentará: "É verdade, é uma floresta porque é preto e escuro". Assim, ela isola um dos aspectos do objeto que, para ela, é uma indicação do fato de usar o livro para significar uma floresta. Da mesma maneira, quando se usa a tampa metálica de um tinteiro para representar uma carruagem, a criança a apontará dizendo: "Este é o assento". Quando o relógio de bolso é usado para representar a farmácia, uma criança poderá apontar os números do mostrador dizendo serem os remédios, outra apontará a alça e dirá ser a porta de entrada. Referindo-se a uma garrafa que faz o papel de um lobo, uma criança mostra o gargalo e diz: "E esta é a sua boca". Nesse caso, se o experimentador mostrar a rolha e perguntar: "E o que é isto?", a criança responderá: "Ele pegou uma rolha e a está segurando nos dentes".

O que vemos em todos esses exemplos é a mesma coisa, ou seja, que, sob o impacto do novo significado adquirido, modifica-se a estrutura corriqueira dos objetos. Em resposta ao fato de o relógio representar uma farmácia, um de seus aspectos, em particular, é isolado, assumindo a função de um novo signo ou indicação de *como* o relógio representa a farmácia (seja através dos medicamentos, seja através da porta de entrada). A estrutura corriqueira dos objetos (por exemplo, a rolha numa garrafa) começa a refletir-se na nova estrutura (o lobo segura a rolha nos dentes), e essa modificação estrutural torna-se tão forte que, por vezes, em vários experimentos, chegamos a incutir gradualmente na criança determinado significado simbólico. Por exemplo, em quase todas as nossas sessões de brinquedo, o relógio de bolso significou uma farmácia, enquanto outros objetos tiveram seu significado mudado rápida e frequentemente. Num outro jogo, pegamos o relógio e, de acordo com novos procedimentos, explicamos: "Agora isto é uma padaria". Uma criança imediatamente pegou uma caneta e, colocando-a atravessada sobre o relógio, dividindo-o em duas metades, disse: "Tudo bem, esta é a farmácia e esta é a padaria". O velho significado tornou-se assim independente e funcionou como uma condição para o novo. Também pudemos observar essa aquisição de significado independente em situações fora do próprio jogo; se uma faca caísse, a criança poderia dizer: "O médico caiu". Assim, um objeto adquire uma função de signo, com uma história própria ao longo do desenvolvimento, tornando-se, nessa fase, independente dos gestos das crianças. Isso representa um simbolismo de segunda ordem e, como ele se desenvolve no brinquedo, consideramos a brincadeira do faz de conta como um dos grandes contribuidores para o desenvolvimento da linguagem escrita – que é um sistema de simbolismo de segunda ordem. Assim como no brinquedo, também no desenho o significado surge, inicialmente, como um simbolismo de primeira ordem. Como já dissemos, os primeiros desenhos surgem como resultado de gestos manuais (gestos de mãos adequadamente equipadas com lápis); e o gesto, como vimos, constitui a primeira representação do significado. É somente mais tarde que, independentemente, a representação gráfica começa a designar algum objeto. A natureza dessa relação é que aos rabiscos já feitos no papel dá-se um nome apropriado.

H. Hetzer estudou experimentalmente como a representação simbólica dos objetos – tão importante no aprendizado da escrita – desenvolve-se em crianças de três a seis anos[3]. Seus experimentos constituíram-se de quatro séries básicas. Através da primeira, investigou a função dos símbolos no brinquedo das crianças. As crianças tinham de representar, na brincadeira, um pai ou uma mãe fazendo o que eles costumam fazer no dia a dia. Nesta brincadeira acrescentava-se uma interpretação de faz de conta de alguns objetos, de modo que tornasse possível para o pesquisador observar a função simbólica associada aos objetos. A segunda série utilizou blocos e materiais com que as crianças pudessem construir coisas, e a terceira envolveu desenhos com lápis de cor. Nessas duas últimas séries, prestou-se particular atenção ao momento em que era nomeado o significado apropriado. A quarta série de experimentos teve a função de investigar, na forma de uma brincadeira de correio, até que ponto as crianças conseguiam perceber combinações puramente arbitrárias de signos. Esse jogo utilizava pedaços de papel de várias cores para significar diferentes tipos de mensagens: telegramas, jornais, ordens de pagamento, pacotes, cartas, cartões-postais, e assim por diante. Assim, os experimentos relaciona-

....
3. H. Hetzer, *Die Symbolische Darstelling in der fruhen Windbert*, Vienna Deutscher Verlag fur Jugend und Volk, 1926, p. 92.

vam, explicitamente, essas diferentes formas de atividade (cujo único aspecto comum compartilhado é a função simbólica) e tentavam ligá-las ao desenvolvimento da linguagem escrita, aliás, como nós também fizemos em nossos experimentos.

Hetzer foi capaz de mostrar claramente quais significados simbólicos surgem no brinquedo através de gestos figurativos e quais surgem através das palavras. A linguagem egocêntrica das crianças manifestou-se amplamente nesses jogos. Enquanto algumas crianças representavam qualquer coisa através de movimentos e mímica, não usando de maneira nenhuma a fala como fonte de simbolismo, em outras, as ações foram acompanhadas pela fala: a criança tanto falava quanto agia. Já para um terceiro grupo de crianças começa a predominar a expressão puramente verbal não acompanhada por nenhuma atividade. Finalmente, num quarto grupo as crianças não brincam, e a fala torna-se o único modo de representação, desaparecendo a mímica e as expressões gestuais. A porcentagem de ações gestuais na brincadeira diminui com a idade, ao mesmo tempo que a fala, gradualmente, passa a predominar. Como diz o autor, a conclusão mais importante desse estudo do desenvolvimento é que, na atividade de brinquedo, a diferença entre uma criança de três e outra de seis anos não está na percepção do símbolo mas, sim, no modo pelo qual são usadas as várias formas de representação. Na nossa opinião, essa é uma conclusão extraordinariamente importante; ela indica que a representação simbólica no brinquedo é, essencialmente, uma forma particular de linguagem num estágio precoce, atividade essa que leva, diretamente, à linguagem escrita.

À medida que o desenvolvimento prossegue, o processo geral de nomeação se desloca cada vez mais para o início do processo, que, assim, passa a ser equivalente à escrita da palavra que acabou de ser dita. Uma criança de três anos é capaz de compreender a função representativa de uma construção com brinquedos, enquanto uma criança de quatro anos dá nome às suas criações antes mesmo de começar a construí-las. Da mesma forma, notamos no desenho que uma criança com três anos ainda não é consciente do significado simbólico do seu desenho, o que só será dominado completamente, por todas as crianças, em torno dos sete anos.

O desenvolvimento do simbolismo no desenho

K. Buhler[4] notou, corretamente, que o desenho começa quando a linguagem falada já alcançou grande progresso e já se tornou habitual na criança. Em seguida, diz ele, a fala predomina no geral e modela a maior parte da vida interior, submetendo-a a suas leis. Isso inclui o desenho.

Inicialmente a criança desenha de memória. Se pedirmos a ela para desenhar sua mãe, que está sentada diante dela, ou algum outro objeto que esteja perto dela, a criança desenhará sem sequer olhar para o original; ou seja, as crianças não desenham o que veem, mas sim o que conhecem. Com muita frequência, os desenhos infantis não só não têm nada a ver com a percepção real do objeto como, muitas vezes, contradizem essa percepção. Nós também observamos o que Buhler chama de "desenhos de raios X". Uma criança pode desenhar uma pessoa vestida e, ao mesmo tempo, desenhar suas pernas, sua barriga, a carteira no bolso, e até mesmo o dinheiro dentro da carteira – ou seja, as coisas que ela sabe que existem mas que, de fato, no caso, não podem ser vistas. Ao desenhar uma figura de perfil, a criança incluirá um segundo olho; ao desenhar um homem montado a cavalo, visto de lado, incluirá a outra perna. Finalmente, partes extremamente importantes dos objetos podem ser omitidas; por exemplo, as crianças podem desenhar pernas que saiam diretamente da cabeça, omitindo o pescoço e o tronco ou, ainda, podem combinar partes distintas de uma figura.

Como mostrou Sully, as crianças não se preocupam muito com a representação; elas são muito mais simbolistas do que na-

....
4. K. Buhler, *Mental Development of the Child*.

turalistas e não estão, de maneira alguma, preocupadas com a similaridade completa e exata, contentando-se com indicações apenas superficiais[5]. No entanto, não é possível admitir que as crianças tenham tão pouco conhecimento da figura humana quanto poderia parecer pelos seus desenhos; ou seja, na verdade, parece que elas tentam identificar e designar mais do que representar. Nessa idade, a memória infantil não propicia um quadro simples de imagens representativas. Antes, ela propicia predisposições a julgamentos já investidos ou capazes de serem investidos pela fala. Notamos que, quando uma criança libera seus repositórios de memória através do desenho, ela o faz à maneira da fala, contando uma história. A principal característica dessa atitude é que ela contém certo grau de abstração, aliás, necessariamente imposta por qualquer representação verbal. Vemos, assim, que o desenho é uma linguagem gráfica que surge tendo por base a linguagem verbal. Nesse sentido, os esquemas que caracterizam os primeiros desenhos infantis lembram conceitos verbais que comunicam somente os aspectos essenciais dos objetos. Esses fatos nos fornecem os elementos para passarmos a interpretar o desenho das crianças como um estágio preliminar no desenvolvimento da linguagem escrita.

O desenvolvimento subsequente do desenho nas crianças, entretanto, não tem explicação em si mesmo e tampouco é puramente mecânico. Há um momento crítico na passagem dos simples rabiscos para o uso de grafias como sinais que representam ou significam algo. Há uma concordância entre todos os psicólogos em que a criança deve descobrir que os traços feitos por ela podem significar algo. Sully ilustra essa descoberta usando o exemplo de uma criança que, por acaso, desenhou uma linha espiral, sem nenhuma intenção e, de repente, notando uma certa similaridade, exclamou alegremente: "Fumaça, fumaça!"

Embora esse processo de reconhecimento do que está desenhado já seja encontrado cedo na infância, ele ainda não equivale à descoberta da função simbólica como, aliás, as observa-

....
5. J. Sully, *Studies of Childhood*, Londres, 1895.

ções têm demonstrado. Nesse estágio inicial, mesmo sendo a criança capaz de perceber a similaridade no desenho, ela o encara como um objeto em si mesmo, similar ao ou do mesmo tipo de um objeto, e não como sua representação ou símbolo.

Quando se mostrou para uma menina um desenho da sua boneca e ela exclamou: "Uma boneca igualzinha à minha!", é possível que ela tivesse em mente, ao ver o desenho, um outro objeto igual ao dela. De acordo com Hetzer, não há evidências decisivas de que o processo de assemelhação de um desenho a um objeto signifique, ao mesmo tempo, a compreensão de que o desenho é uma representação do objeto. Tudo nos faz crer que, para a menina, o desenho não era uma representação da sua boneca mas, sim, uma outra boneca igual à dela. Uma prova disso é o fato de que, por muito tempo, as crianças se relacionam com desenhos como se eles fossem objetos. Por exemplo, quando se mostra a uma criança o desenho de um garoto de costas, ela vira o papel para tentar ver seu rosto. Mesmo entre crianças de cinco anos, quase sempre se observa que, em resposta à pergunta: "Onde está o rosto, o nariz?" elas viram o papel e só então respondem: "Não, não está aqui. Não foi desenhado."

Achamos que Hetzer está muito certo ao afirmar que a representação simbólica primária deve ser atribuída à fala e que é a utilizando como base que todos os outros sistemas de signos são criados. De fato, também no desenvolvimento do desenho nota-se o forte impacto da fala, que pode ser exemplificado pelo deslocamento contínuo do processo de nomeação ou identificação para o início do ato de desenhar.

Tivemos a oportunidade de observar como o desenho das crianças se torna linguagem escrita real, através de experimentos em que atribuíamos às crianças a tarefa de representar simbolicamente algumas frases mais ou menos complexas. Nesses experimentos, ficou absolutamente clara a tendência, por parte das crianças em idade escolar, de mudar de uma escrita puramente pictográfica para uma escrita ideográfica, em que as relações e significados individuais são representados através de sinais simbólicos abstratos. Observamos bem essa dominância da fala sobre a escrita numa criança em idade escolar que escreveu cada palavra da frase em questão através de desenhos individuais. Assim, a frase "Eu não vejo as ovelhas, mas elas estão ali" foi representada da seguinte forma: a figura de uma pessoa ("Eu"), a mesma figura com os olhos cobertos ("não vejo"), duas ovelhas ("as ovelhas"), um dedo indicador e várias árvores atrás das quais se podiam ver as ovelhas ("mas elas estão ali"). A frase "Eu respeito você" foi representada da seguinte maneira: uma cabeça ("Eu"), duas figuras humanas, uma das quais com um chapéu nas mãos ("respeito") e outra cabeça ("você").

Vemos assim como o desenho acompanha obedientemente a frase e como a linguagem falada permeia o desenho das crianças. Nesse processo, com frequência a criança tem de fazer descobertas originais ao inventar uma maneira apropriada de representação; também pudemos observar que esse processo é decisivo para o desenvolvimento da escrita e do desenho na criança.

O simbolismo na escrita

Dentro do nosso projeto geral de pesquisa, foi Luria que se responsabilizou por tentar recriar experimentalmente esse processo de simbolização na escrita, para que pudesse estudá-lo de forma sistemática[6]. Em seus experimentos, crianças que não eram ainda capazes de escrever foram colocadas ante a tarefa de elaborar algumas formas simples de notação gráfica. Pedia-se que procurassem não esquecer certo número de frases, que excedia em muito sua capacidade natural de memória. Quando as crianças se convenciam de que não seriam capazes de se lembrar de todas as frases, dava-se a elas uma folha de papel pedindo-lhes que grafassem ou representassem, de alguma maneira, as palavras apresentadas.

....
6. A. R. Luria, "Materials on the Development of Writing in Children", *Problemi Marksistkogo Vospitaniya*, I (1929): 143-176.

Com frequência as crianças ficavam perplexas diante dessa sugestão, dizendo que não sabiam escrever. Nesse momento, o experimentador ensinava-lhes algum procedimento que implementasse o que foi pedido e examinava até que ponto as crianças eram capazes de dominá-lo e em que momento os rabiscos deixavam de ser simples brincadeiras e se tornavam símbolos auxiliares na lembrança das frases. No estágio dos três aos quatro anos, as notações escritas em nada ajudavam as crianças no processo de lembrança; ao tentar lembrar as frases, as crianças nem olhavam para o papel. Entretanto, de vez em quando encontrávamos alguns casos, aparentemente surpreendentes, que destoavam consideravelmente dessa regra geral. Nesses casos, a criança também rabiscava traços absolutamente não diferenciados e sem sentido, mas, quando reproduzia as frases, parecia que as estava lendo; ela se reportava a certos rabiscos e podia indicar repetidamente, sem errar, qual rabisco representava cada frase. Surgia então uma relação inteiramente nova para esses rabiscos e para a atividade motora autorreforçadora: pela primeira vez os traços tornavam-se símbolos mnemotécnicos. Por exemplo, algumas crianças colocavam traços particulares em lugares distintos da página, a fim de associar certo traço a determinada frase. Surgia então um tipo característico de topografia – um traço no canto da página, por exemplo, representava uma vaca, enquanto um outro, não muito distante, representava um limpador de chaminés. Dessa forma, pode-se dizer que esses traços constituem sinais indicativos primitivos auxiliares do processo mnemônico.

Acreditamos estar certos ao considerar esse estágio mnemotécnico como o primeiro precursor da futura escrita. Gradualmente, as crianças transformam esses traços indiferenciados. Simples sinais indicativos e traços e rabiscos simbolizadores são substituídos por pequenas figuras e desenhos, e estes, por sua vez, são substituídos pelos signos. Através desses experimentos, foi-nos possível descrever não somente o momento exato da própria descoberta como, também, seguir o curso do processo em função de certos fatores. Assim, o conteúdo e a forma introduzidos nas frases quebram, pela primeira vez, a ausência de sentido nas notações gráficas das crianças. Se, por exemplo, introduzirmos a noção de quantidade nas frases, podemos evocar, de pronto, mesmo em crianças entre quatro e cinco anos, uma notação que reflete essa quantidade. (Talvez tenha sido a necessidade de registrar quantidades que, historicamente, deu origem à escrita.) O mesmo acontece com a introdução das noções de cor e forma, que também contribuem para que a criança descubra o princípio da escrita. Assim, frases como "parece preto", "fumaça preta de uma chaminé", "no inverno há muita neve branca", "um camundongo com um rabo muito comprido" ou "Lyalya tem dois olhos e um nariz", fazem com que a criança mude rapidamente de uma escrita que funciona como gestos indicativos para uma escrita que contém os rudimentos da representação.

É fácil perceber que, nesse ponto, os sinais escritos constituem símbolos de primeira ordem, denotando diretamente objetos ou ações e que a criança terá ainda de evoluir no sentido do simbolismo de segunda ordem, que compreende a criação de sinais escritos representativos dos símbolos falados das palavras. Para isso a criança precisa fazer uma descoberta básica – a de que se pode desenhar, além de coisas, também a fala. Foi essa descoberta, e somente ela, que levou a humanidade ao brilhante método da escrita por letras e frases; a mesma descoberta conduz as crianças à escrita literal. Do ponto de vista pedagógico, essa transição deve ser propiciada pelo deslocamento da atividade da criança do desenhar coisas para o desenhar a fala. É difícil especificar como esse deslocamento ocorre, uma vez que somente pesquisas adequadas a serem feitas poderão levar a conclusões definitivas, e os métodos geralmente aceitos do ensino da escrita não permitem a observação dessa transição. No entanto, uma coisa é certa – o desenvolvimento da linguagem escrita nas crianças se dá, conforme já foi descrito, pelo deslocamento do desenho de coisas para o desenho de palavras. De uma maneira ou de outra, vários dos métodos existentes de ensino de escrita realizam isso. Muitos deles empregam gestos auxiliares como um meio de unir o símbolo falado ao símbolo escrito; outros empregam desenhos que representam os objetos apropriados. Na verdade, o segredo do ensino da linguagem escrita é preparar e organizar adequadamente essa transição natural. Uma vez que ela é atingida, a criança passa a dominar o princípio da linguagem escrita, e resta então, simplesmente, aperfeiçoar esse método.

Dado o estado atual do conhecimento psicológico, a nossa concepção de que o brinquedo de faz de conta, o desenho e a escrita devem ser vistos como momentos diferentes de um processo essencialmente unificado de desenvolvimento da linguagem escrita poderia parecer, de certa forma, exagerada. As descontinuidades e os saltos de um tipo de atividade para outro são muito grandes para que as relações se tornem, de imediato, evidentes. No entanto, vários experimentos e a análise psicológica nos levam exatamente a essa conclusão. Mostram-nos que, por mais complexo que o processo de desenvolvimento da linguagem escrita possa parecer, ou ainda, por mais que seja aparentemente errático, desconexo e confuso, existe, de fato, uma linha histórica unificada que conduz às formas superiores da linguagem escrita. Essa forma superior, que mencionaremos somente de passagem, implica uma reversão ulterior da linguagem escrita do seu estágio de simbolismo de segunda ordem para, agora numa nova qualidade, novamente um estágio de primeira ordem. Enquanto símbolos de segunda ordem, os símbolos escritos funcionam como designações dos símbolos verbais. A compreensão da linguagem escrita é efetuada, primeiramente, através da linguagem falada; no entanto, gradualmente essa via é reduzida, abreviada, e a linguagem falada desaparece como elo intermediário. A julgar pelas evidências disponíveis, a linguagem escrita adquire o caráter de simbolismo direto, passando a ser percebida da mesma maneira que a linguagem falada. Basta imaginarmos as enormes transformações que ocorrem no desenvolvimento cultural das crianças em consequência do domínio do processo de linguagem escrita e da capacidade de ler, para que nos tornemos cientes de tudo o que os gênios da humanidade criaram no universo da escrita.

Implicações práticas

Uma visão geral da história completa do desenvolvimento da linguagem escrita nas crianças leva-nos, naturalmente, a três conclusões de caráter prático, excepcionalmente importantes.

A primeira é que, do nosso ponto de vista, seria natural transferir o ensino da escrita para a pré-escola. De fato, se as crianças mais novas são capazes de descobrir a função simbólica da escrita, como demonstram os experimentos de Hetzer, então o ensino da escrita deveria ser de responsabilidade da educação pré-escolar. Observamos, ainda, várias circunstâncias que, do ponto de vista psicológico, indicam que na União Soviética o ensino da escrita vem tarde demais. Ao mesmo tempo, sabemos que o ensino da leitura e da escrita começa, geralmente, aos seis anos, na maioria dos países europeus e americanos.

As pesquisas de Hetzer indicam que oitenta por cento das crianças com três anos podem dominar uma combinação arbitrária de sinais e significados, enquanto, com seis anos, quase todas as crianças são capazes de realizar essa operação. Com base nas suas observações, poder-se-ia concluir que o desenvolvimento entre três e seis anos envolve não só o domínio de signos arbitrários como, também, o progresso na atenção e na memória. Portanto, os experimentos de Hetzer apontam para o início do ensino da leitura em idades mais precoces. Só para deixar claro, ela não deu importância ao fato de que a escrita é um simbolismo de segunda ordem; ao contrário, o que ela estudou foi o simbolismo de primeira ordem.

Burt relata que, na Inglaterra, embora a frequência à escola seja compulsória a partir dos cinco anos, ela é permitida a crianças entre três e cinco anos, desde que haja vagas, para ensino do alfabeto[7]. A grande maioria das crianças já são capazes de ler aos quatro anos e meio. Montessori é particularmente fa-

....

7. C. Burt, *Distribution of Educational Abilities*, Londres, P. S. King and Sons, 1917.

vorável ao ensino da leitura e da escrita em idades precoces[8].

Nos seus jardins de infância, na Itália, durante situações de jogos, através de exercícios preparatórios, todas as crianças começam a escrever aos quatro anos e podem ler tão bem quanto as crianças com cinco anos que estão no primeiro ano regular.

No entanto, o próprio exemplo de Montessori mostra muito bem que a situação é muito mais complexa do que parece à primeira vista. Se, por uns instantes, ignorarmos a precisão e a beleza das letras que suas crianças desenham e atentarmos para o conteúdo do que elas escrevem, encontraremos mensagens do seguinte tipo: "Feliz Páscoa ao engenheiro Talani e à professora Montessori. Felicidades ao diretor, à professora e à doutora Montessori. Casa das Crianças. Via Campania", e assim por diante. Não negamos a possibilidade de ensinar leitura e escrita às crianças em idade pré-escolar; pelo contrário, achamos desejável que crianças mais novas entrem para a escola, uma vez que já são capazes de ler e escrever. No entanto, o ensino tem de ser organizado de forma que a leitura e a escrita se tornem necessárias às crianças. Se forem usadas apenas para escrever congratulações oficiais para os membros da diretoria da escola ou para qualquer pessoa que o professor julgar interessante (e sugerir claramente para as crianças) então o exercício da escrita passará a ser puramente mecânico e logo poderá entediar as crianças; suas atividades não se expressarão em sua escrita e suas personalidades não desabrocharão. A leitura e a escrita devem ser algo de que a criança necessite. Temos, aqui, o mais vívido exemplo da contradição básica que aparece no ensino da escrita, não somente na escola de Montessori, mas também na maioria das outras escolas; ou seja, a escrita é ensinada como uma habilidade motora, e não como uma atividade cultural complexa. Portanto, ensinar a escrita nos anos pré-escolares impõe, necessariamente, uma segunda demanda: a escrita deve ser "relevante à vida" – da mesma forma que requeremos uma aritmética "relevante".

....
8. M. Montessori, *Spotaneous Activity in Education*, Nova Iorque, Schocken, 1965.

Uma segunda conclusão, então, é que a escrita deve ter significado para as crianças, que uma necessidade intrínseca deve ser despertada nelas e a escrita deve ser incorporada a uma tarefa necessária e relevante para a vida. Só então poderemos estar certos de que ela se desenvolverá não como hábito de mão e dedos, mas como uma forma nova e complexa de linguagem.

O terceiro ponto que estamos tentando adiantar como conclusão prática é a necessidade de a escrita ser *ensinada* naturalmente. Quanto a isso, Montessori contribuiu de forma importante. Ela mostrou que os aspectos motores da escrita podem ser, de fato, acoplados com o brinquedo infantil e que o escrever pode ser "cultivado" em vez de "imposto". Ela oferece uma abordagem motivante para o desenvolvimento da escrita.

Dessa forma, uma criança passa a ver a escrita como um momento natural no seu desenvolvimento, e não como um treinamento imposto de fora para dentro. Montessori mostrou que o jardim-de-infância é o lugar apropriado para o ensino da leitura e da escrita; isso significa que o melhor método é aquele em que as crianças não aprendam a ler e a escrever, mas sim descubram essas habilidades durante as situações de brinquedo. Para isso é necessário que as letras se tornem elementos da vida das crianças, da mesma maneira como, por exemplo, a fala. Da mesma forma que as crianças aprendem a falar, elas podem muito bem aprender a ler e a escrever. Métodos naturais de ensino da leitura e da escrita implicam operações apropriadas sobre o meio ambiente das crianças. Elas devem sentir a necessidade do ler e do escrever no seu brinquedo. No entanto, o que Montessori faz quanto aos aspectos motores dessa habilidade deveria, agora, ser feito em relação aos aspectos internos da linguagem escrita e de sua assimilação funcional. É claro que é necessário, também, levar a criança a uma compreensão interior da escrita, assim como fazer com que a escrita seja desenvolvimento organizado, mais do que aprendizado. Quanto a isso, podemos apenas indicar uma abordagem extremamente geral: assim como o trabalho manual e o domínio da caligrafia são para Montessori exercícios preparatórios ao desenvolvimento das ha-

Montessori exercícios preparatórios ao desenvolvimento das habilidades da escrita, desenhar e brincar deveriam ser estágios preparatórios ao desenvolvimento da linguagem escrita das crianças. Os educadores devem organizar todas essas ações e todo o complexo processo de transição de um tipo de linguagem escrita para outro. Devem acompanhar esse processo através de seus momentos críticos, até o ponto da descoberta de que se pode desenhar não somente objetos, mas também a fala. Se quiséssemos resumir todas essas demandas práticas e expressá-las de uma forma unificada, poderíamos dizer que o que se deve fazer é ensinar às crianças a linguagem escrita e não apenas a escrita de letras.

A grande ideia básica de que o mundo não deve ser visto como um complexo de objetos completamente acabados, mas sim como um complexo de processos, no qual objetos aparentemente estáveis, nada menos do que suas imagens em nossas cabeças (nossos conceitos), estão em incessante processo de transformação...
Aos olhos da filosofia dialética, nada é estabelecido por todos os tempos, nada é absoluto ou sagrado. Vê-se em tudo a marca do declínio inevitável; nada resiste exceto o contínuo processo de formação e destruição, a ascensão interminável do inferior para o superior – um processo do qual a filosofia não passa de uma simples reflexão no cérebro pensante.

FRIEDRICH ENGELS, *Ludwig Feuerbach*

Posfácio
Vera John-Steiner e Ellen Souberman

Nossa tentativa neste ensaio é destacar várias proposições teóricas importantes de Vigotski, particularmente as que poderiam se constituir em linhas de pesquisa na psicologia contemporânea. Depois de ter trabalhado por vários anos com os manuscritos e palestras que constituem este livro, chegamos ao reconhecimento de que a teoria de Vigotski foi primariamente indutiva, construída ao longo da exploração de fenômenos como a memória, fala interior e brinquedo. Nosso objetivo é explorar sistematicamente os conceitos que mais nos impressionaram pessoal e intelectualmente enquanto editávamos os manuscritos de Vigotski e preparávamos este trabalho.

Como leitoras, descobrimos que as consequências da internalização das ideias de Vigotski têm uma dinâmica própria. No começo, a familiarização crescente com suas ideias ajuda-nos a superar a polarização dos textos da psicologia contemporânea; ele oferece um modelo novo para reflexão e pesquisa em psicologia aos que estão insatisfeitos com a tensão entre behavioristas e nativistas. Para alguns leitores, pode parecer que Vigotski representa uma posição intermediária; porém uma leitura cuidadosa revela a ênfase que ele coloca nas transformações complexas que constituem o desenvolvimento humano, cujo entendimento requer a participação ativa do leitor.

Para Vigotski, o desenvolvimento não se tratava de uma mera acumulação lenta de mudanças unitárias, mas sim, segundo suas palavras, de "um complexo processo dialético, caracterizado pela periodicidade, irregularidade no desenvolvimento das diferentes funções, metamorfose ou transformação qualitativa de uma forma em outra, entrelaçamento de fatores externos e internos e processos adaptativos" (capítulo 5). E de fato, nesse sentido, sua visão da história do indivíduo e sua visão da história da cultura são semelhantes. Em ambos os casos, Vigotski rejeita o conceito de desenvolvimento linear, incorporando em sua conceituação tanto alterações evolutivas como mudanças revolucionárias. Para Vigotski, o reconhecimento dessas duas formas inter-relacionadas de desenvolvimento é componente necessário do pensamento científico.

Dada a dificuldade de conceituar um processo dialético de mudança, só tivemos noção mais completa do impacto desses conceitos quando tentamos combinar nossa própria investigação com as ideias de Vigotski[1]. Esse processo exigiu um trabalho de expandir seus conceitos sintéticos e ao mesmo tempo poderosos, para então aplicá-los à nossa investigação ou à observação diária do comportamento humano. A natureza crítica dos textos de Vigotski, embora isso possa ser explicado pelas condições de sua vida nos últimos anos, forçou-nos a pesquisar profundamente seus conceitos mais significativos. Dessa maneira, isolamos as ideias marcadamente originais e que, quarenta anos após sua morte, ainda oferecem perspectivas novas tanto para a psicologia como para a educação.

Conceitos de desenvolvimento

Os capítulos deste livro tratam de alguns aspectos das mudanças ao longo do desenvolvimento conforme a concepção de

....
1. Ver Nan Elsasser e Vera John-Steiner, "An interactionist Approach to Advancing Literacy", *Harvard Educational Review*, 47, n° 3, (agosto de 1977): 355-370.

Vigotski. Embora ele se vincule claramente a uma posição teórica distinta daquelas propostas por influentes investigadores contemporâneos seus – Thorndike, Piaget, Koffka –, ele retorna constantemente aos pensamentos desses investigadores com a finalidade de enriquecer e aguçar seus próprios pontos de vista. Tanto Vigotski como seus contemporâneos abordaram o problema do desenvolvimento, porém Vigotski focalizou o problema na determinação histórica e transmissão cultural da psicologia dos seres humanos. Sua análise difere também daquela dos primeiros behavioristas. Vigotski escreveu:

> Apesar dos avanços significativos que podem ser atribuídos à metodologia behaviorista, esse método apresenta sérias limitações. O desafio fundamental para o psicólogo é o de descobrir e demonstrar os mecanismos ocultos subjacentes à complexa psicologia humana. Embora o método behaviorista seja objetivo e adequado ao estudo de atos reflexos simples, falha claramente quando aplicado a processos psicológicos complexos. Os mecanismos mais internos característicos desses processos permanecem ocultos.
> A abordagem naturalista do comportamento geralmente deixa de levar em consideração a diferença qualitativa entre a história humana e a dos animais. A consequência experimental desse tipo de análise é o estudo do comportamento humano sem levar em conta a história geral do desenvolvimento humano.[2]

Em contraste, Vigotski defende uma abordagem teórica e, consequentemente, uma metodologia que privilegia a mudança. O seu esforço de mapear as mudanças ao longo do desenvolvimento deve-se, em parte, à tentativa de mostrar as implicações psicológicas do fato de os homens serem participantes ativos e vigorosos da sua própria existência e de mostrar que, a cada estágio de seu desenvolvimento, a criança adquire os meios para

•••••••••
2. Tradução de trecho de "Tool and Symbol" e *Development of Higher Psychological Functions*, não incluído neste texto. Vigotski usou amplamente o termo "natural": ver pp. 38-9.

intervir de forma competente no seu mundo e em si mesma. Portanto, um aspecto crucial da condição humana, e que começa na infância, é a criação e o uso de estímulos auxiliares ou "artificiais"; através desses estímulos uma situação inédita e as reações ligadas a ela são alteradas pela intervenção humana ativa.

Esses estímulos auxiliares criados pelos homens não apresentam relação inerente com a situação vigente; na realidade, os homens introduzem esses estímulos como uma maneira de ativamente adaptar-se. Vigotski considera os estímulos auxiliares como altamente diversificados: eles incluem os instrumentos da cultura em que a criança nasce, a linguagem das pessoas que se relacionam com a criança e os instrumentos produzidos pela própria criança, incluindo o uso do próprio corpo. Um dos exemplos mais evidentes desse tipo de uso de instrumentos pode ser visto na atividade de brinquedo de crianças pobres que não têm acesso a brinquedos pré-fabricados, mas conseguem brincar de "casinha", "trenzinho" etc., com os recursos que têm às mãos. A exploração teórica dessas atividades no contexto do desenvolvimento constitui um tema recorrente neste livro, uma vez que Vigotski vê o brinquedo como o meio principal de desenvolvimento cultural da criança.

Piaget compartilha com Vigotski a noção da importância do organismo ativo. Ambos são observadores argutos do comportamento infantil. Entretanto, a habilidade de Vigotski como observador foi amplificada pelo seu conhecimento do materialismo dialético, pela sua concepção do organismo com alto grau de plasticidade e pela sua visão do meio ambiente como contextos culturais e históricos em transformação, dentro do qual crianças nascem, eventualmente participando da sua transformação. Enquanto Piaget destaca os estágios universais, de suporte mais biológico, Vigotski ocupa-se mais da interação entre as condições sociais em transformação e os substratos biológicos do comportamento. Ele escreveu: "para estudar o desenvolvimento na criança, devemos começar com a compreensão da unidade dialética das duas linhas principais e distintas (a biológica e a cultural). Para estudar adequadamente esse processo, então, o investigador deve estudar ambos os componentes e as leis que governam seu *entrelaçamento* em cada estágio do desenvolvimento da criança"[3].

Embora os trabalhos de um grande número de teóricos da psicologia, inclusive Piaget, tenha sido caracterizado como interacionista, as premissas dessa abordagem ainda não foram completamente formuladas. Alguns dos conceitos expostos neste livro constituem a base para uma análise mais articulada do desenvolvimento dialético-interacionista. Um dos pontos críti-

....
3. Os editores interpretaram a expressão "aspectos naturais do comportamento", utilizada por Vigotski, como as características biologicamente dadas, por exemplo, os reflexos presentes ao nascer. Uma interpretação adicional do "natural" pode ser extraída do prefácio do livro de Vigotski, *Development of Higher Psychological Functions*, escrito por A. N. Leontiev, A. R. Luria e B. M. Teplov:

> Sua tentativa de mostrar a impossibilidade de reduzir a formação das funções mentais superiores do homem aos processos de desenvolvimento de suas formas elementares leva à falsa divisão em um plano genético e um plano de coexistência nos níveis superiores do desenvolvimento. Assim, por exemplo, o desenvolvimento da memória é apresentado em dois estágios: o estágio da memória puramente natural que termina na idade pré-escolar, e o estágio seguinte de uma memória mediada, superior. O desenvolvimento de formas coexistentes de memória é tratado da mesma maneira. Uma forma está apoiada exclusivamente sobre seus fundamentos biológicos, as outras são o produto do desenvolvimento social e cultural da criança. Essa oposição, que aparece nos escritos de L. S. Vigotski e nas pesquisas de seus colaboradores, foi criticada justificadamente na época. Ela não tem realmente fundamento: afinal, mesmo na criança muito nova, os processos psicológicos formam-se sob influência da interação verbal com adultos e, portanto, não são "naturais", porque eles já foram modificados como resultado da aquisição da linguagem. Podemos dizer o mesmo em relação aos casos de preservação de uma memória eidética "natural" marcadamente distinta, que no homem revela-se passível de transformação.

Ao apontar a inadequação desse falso contraste entre as formas de processos mentais naturais (orgânicos) e superiores (culturais), devemos lembrar que este contraste não pode ser inferido a partir da posição teórica de Vigotski.
Embora Vigotski tenha sido criticado pela colocação dessa dualidade artificial entre o natural e o cultural, como Leontiev e Luria apontam, a distinção é de fato uma abstração, um veículo para a descrição de um processo muito complexo. "O desenvolvimento mental da criança é um processo contínuo de aquisição de controle ativo sobre funções inicialmente passivas. Para adquirir esse controle, a criança aprende a usar signos, convertendo assim essas funções mentais *naturais* em funções culturais, mediadas por signos." Edward E. Berg, "L. S. Vygotsky's Theory of Social and Historical Origins of Consciousness" (Tese de Doutoramento, Univ. Wisconsin, 1970, p. 164).

cos em qualquer teoria do desenvolvimento é a relação entre as bases biológicas do comportamento e as condições sociais dentro das quais e através das quais a atividade humana ocorre. Um conceito fundamental proposto por Vigotski para representar essa importante interação é o sistema funcional do aprendizado. No desenvolvimento dessa noção, Vigotski partiu significativamente tanto da psicologia contemporânea como de conceitos do aprendizado fortemente ligados ao estudo do comportamento animal. Vigotski reconheceu, como outros antes já haviam feito, que os sistemas funcionais estão enraizados nas respostas adaptativas mais básicas do organismo, tais como os reflexos condicionados e incondicionados. Sua contribuição teórica, todavia, está baseada em sua descrição da relação entre esses diversos processos:

> Eles são caracterizados por uma nova integração e correlação entre suas partes. O todo e suas partes desenvolvem-se paralela e juntamente. Chamaremos as primeiras estruturas de *elementares*; elas constituem todos psicológicos, condicionados principalmente por determinantes biológicos. As estruturas seguintes que emergem no processo de desenvolvimento cultural são chamadas *estruturas superiores*. O estágio inicial é seguido pela destruição da primeira estrutura, sua reconstrução e transição para estruturas do tipo superior. Distintas dos processos reativos, diretos, essas estruturas são construídas na base do uso de signos e instrumentos; essas novas funções unificam os meios diretos e indiretos de adaptação.[4]

Vigotski argumenta que ao longo do desenvolvimento surgem sistemas psicológicos que unem funções separadas em novas combinações e complexos. Esse conceito foi retomado e desenvolvido por Luria em sua proposição de que os componentes e as relações dos quais essas funções unitárias fazem parte são formados durante o desenvolvimento de cada indivíduo e dependem das experiências sociais da criança. Os sistemas fun-

....
4. Este trecho é de uma tradução não editada de "Tool and Symbol".

cionais de um adulto, portanto, são essencialmente formados por suas experiências enquanto criança, cujos aspectos sociais são mais determinantes do que na teoria cognitiva tradicional (incluindo-se aí a teoria de Piaget).

Nesta teoria talvez a característica mais fundamental das mudanças ao longo do desenvolvimento seja a maneira através da qual funções elementares previamente separadas são integradas em novos sistemas funcionais de aprendizado: "Funções psicológicas superiores não se encontram superpostas, como um andar superior, sobre os processos elementares; elas representam novos sistemas psicológicos". Esses sistemas são plásticos e adaptativos em relação às tarefas que a criança enfrenta e em relação ao seu estágio de desenvolvimento. Embora possa parecer que a criança esteja aprendendo de uma maneira puramente externa, ou seja, dominando novas habilidades, o aprendizado de qualquer operação nova é na verdade o resultado do (além de ser determinado pelo) processo de desenvolvimento da criança. A formação de novos sistemas funcionais de aprendizado inclui um processo semelhante ao da nutrição no crescimento do corpo, em que em determinados momentos certos nutrientes são digeridos e assimilados enquanto outros são rejeitados.

Uma abordagem análoga à de Vigotski surgiu a partir das discussões atuais a respeito do papel da nutrição no desenvolvimento. Birch e Gussow, responsáveis por vários estudos transculturais do crescimento físico e intelectual, propuseram a seguinte teoria interacionista: "O meio ambiente efetivo de qualquer organismo não se resume apenas à situação objetiva na qual esse organismo se encontra; na verdade, o meio efetivo é o produto de uma interação entre características particulares do organismo e quaisquer oportunidades para experiências oferecidas pela situação objetiva em que o organismo se encontra"[5]. De maneira semelhante, Vigotski argumenta que em função da

....
5. Herbert G. Birch e Joan Dye Gussow, *Disadvantaged Children*; Health, *Nutrition and School Failure*, Nova Iorque, Harcourt, Brace and World, 1970, p. 7.

constante mudança das condições históricas, que determinam em larga medida as oportunidades para a experiência humana, não pode haver um esquema universal que represente adequadamente a relação dinâmica entre os aspectos internos e externos do desenvolvimento. Portanto, um sistema funcional de aprendizado de uma criança pode não ser idêntico ao de uma outra, embora possa haver semelhanças em certos estágios do desenvolvimento. Aqui novamente a análise de Vigotski difere da análise de Piaget, que descreve estágios universais idênticos para todas as crianças como uma função da idade.

Esse ponto de vista, que tem como finalidade ligar os substratos biológicos do desenvolvimento ao estudo de funções adquiridas cultural e historicamente, pode ser encarado de forma supersimplificada e dar origem a incorreções. Luria, aluno e colaborador de Vigotski, tentou clarificar as complexas implicações fisiológicas dessa visão da evolução cognitiva do *Homo sapiens:*

> O fato de que ao longo da história o homem tenha desenvolvido novas funções não significa que cada uma dessas funções depende do surgimento de um novo grupo de células nervosas ou do aparecimento de novos "centros" de funções nervosas superiores, tal como os neurologistas do final do século XIX buscavam com tanta ansiedade. O desenvolvimento de novos "órgãos funcionais" ocorre através da formação de *novos sistemas funcionais*, que é a maneira pela qual se dá o desenvolvimento ilimitado da atividade cerebral. O córtex cerebral humano, graças a esse princípio, torna-se um órgão da civilização, no qual estão ocultas possibilidades ilimitadas e que não requer novos aparelhos morfológicos cada vez que a história cria a necessidade de uma nova função.[6]

A ênfase no aprendizado socialmente elaborado emerge do trabalho de Vigotski mais claramente nos estudos da memória mediada. É ao longo da interação entre crianças e adultos que

....
6. A. R. Luria, "L. S. Vygotsky and the Problem of Functional Localization", *Soviet Psychology*, 5, n.º 3, 1967: 53-57.

os jovens aprendizes identificam os métodos eficazes para memorizar – métodos tornados acessíveis aos jovens por aqueles com maiores habilidades de memorização. Muitos educadores não reconhecem esse processo social, essas maneiras pelas quais um aprendiz experiente pode dividir seu conhecimento com um aprendiz menos avançado, não reconhecimento esse que limita o desenvolvimento intelectual de muitos estudantes; suas capacidades são vistas como biologicamente determinadas, não como socialmente facilitadas. Além desses estudos de memória (capítulo 3), Vigotski explora o papel das experiências sociais e culturais através da investigação do brinquedo na criança (capítulo 7). Durante o brinquedo, as crianças dependem e, ao mesmo tempo, transformam imaginativamente os objetos socialmente produzidos e as formas de comportamento disponíveis no seu ambiente particular. Um tema presente ao longo de todo este volume é o conceito marxista de uma psicologia humana historicamente determinada. Outros trabalhos de Vigotski, alguns ainda não traduzidos para o inglês, mostram um desenvolvimento mais profundo de sua hipótese fundamental, segundo a qual as funções mentais superiores são socialmente formadas e culturalmente transmitidas: "se modificarmos os instrumentos de pensamento disponíveis para uma criança, sua mente terá uma estrutura radicalmente diferente"[7].

A criança consegue internalizar os meios de adaptação social disponíveis a partir da sociedade em geral através de signos. Para Vigotski, um dos aspectos essenciais do desenvolvimento é a crescente habilidade da criança no controle e direção do próprio comportamento, habilidade tornada possível pelo desenvolvimento de novas formas e funções psicológicas e pelo uso de signos e instrumentos nesse processo. Mais tarde a criança expande os limites de seu entendimento através da integração de símbolos socialmente elaborados (tais como: valores e crenças sociais, conhecimento cumulativo de sua cultura e conceitos científicos da realidade) em sua própria consciência.

....
7. E. Berg., "Vygotsky's Theory", p. 46.

No livro *Pensamento e linguagem*, Vigotski apresenta uma argumentação elaborada demonstrando que a linguagem, o próprio meio através do qual a reflexão e a elaboração da experiência ocorre, é um processo extremamente pessoal e, ao mesmo tempo, um processo profundamente social. Ele vê a relação entre o indivíduo e a sociedade como um processo dialético que, tal como um rio e seus afluentes, combina e separa os diferentes elementos da vida humana. Não se trata, portanto, para Vigotski, de uma polarização cristalizada.

A fala humana é, de longe, o comportamento de uso de signos mais importante ao longo do desenvolvimento da criança. Através da fala, a criança supera as limitações imediatas de seu ambiente. Ela se prepara para a atividade futura; planeja, ordena e controla o próprio comportamento e o dos outros. A fala também é um exemplo excelente do uso de signos, já que, uma vez internalizada, torna-se uma parte profunda e constante dos processos psicológicos superiores; a fala atua na organização, unificação e integração de aspectos variados do comportamento da criança, tais como: percepção, memória e solução de problemas (capítulo 4). Vigotski oferece ao leitor contemporâneo um caminho provocativo para tratar um tema controverso recorrente – a relação entre processos explícitos e ocultos.

Assim como as palavras, os instrumentos e os signos não verbais fornecem ao aprendiz maneiras de tornar mais eficazes seus esforços de adaptação e solução de problemas. Vigotski frequentemente ilustra a variedade de maneiras de adaptação humana através de exemplos inspirados em sociedades não industrializadas:

> Contar nos dedos já foi um importante triunfo cultural da humanidade. Serviu como uma ponte entre a percepção quantitativa imediata e a contagem. Assim, os papuas da Nova Guiné começavam a contar pelo dedo mínimo da mão esquerda, seguindo pelos outros dedos da mão esquerda, adicionando à mão esquerda, antebraço, cotovelo, ombro direito, e assim por diante, terminando no dedo mínimo da mão direita. Quando esses pontos eram insuficientes, frequentemente usavam os dedos de outras

pessoas, ou seus dedos dos pés, ou galhos, conchas ou outros objetos pequenos. Nos sistemas primitivos de contagem, podemos observar de forma ativa e desenvolvida o mesmo processo que está presente de forma rudimentar ao longo do desenvolvimento do raciocínio aritmético da criança.

Analogamente, o costume de amarrar barbantes nos dedos para não esquecer alguma coisa está relacionado com a psicologia da vida diária. Uma pessoa deve lembrar alguma coisa, cumprir um compromisso, fazer isto ou aquilo, buscar uma encomenda. Desconfiando da própria memória e não querendo depender dela, a pessoa dá um nó no lenço ou usa um recurso semelhante, como colocar um pedaço de papel na pulseira do relógio. Mais tarde, o nó deve ajudá-la a lembrar o que deve fazer. Muitas vezes esse artifício cumpre essa função.

Temos aqui, novamente, uma operação impensável e impossível em se tratando de animais. O próprio fato de introduzir uma maneira artificial e auxiliar de memorização, na criação e uso ativos de instrumentos para a memória, é principalmente um novo comportamento especificamente humano.[8]

O uso de instrumentos e o uso de signos compartilham algumas propriedades importantes; ambos envolvem uma atividade mediada. Porém eles também se distinguem; os signos são orientados internamente, segundo Vigotski uma maneira de dirigir a influência psicológica para o domínio do próprio indivíduo; os instrumentos, por outro lado, são orientados externamente, visando ao domínio da natureza. A distinção entre signos e instrumentos é um bom exemplo da capacidade analítica de Vigotski ao estabelecer relações entre aspectos similares e distintos da experiência humana. Alguns outros exemplos são o pensamento e a linguagem, a memória imediata e a memória mediada e, numa escala maior, o biológico e o cultural, o individual e o social.

Num breve trecho em que é descrita uma transformação psicológica em dois estágios e que capta a maneira pela qual uma

....
8. Tradução de trecho do livro "Development of Higher Psychological Functions" não incluída no texto.

criança internaliza sua experiência pessoal, Vigotski acrescenta uma imagem da dinâmica que ele acredita estar presente ao longo de toda a vida do homem: "Toda a função aparece duas vezes, em dois níveis, ao longo do desenvolvimento cultural da criança; primeiramente *entre* pessoas, como categoria *interpsicológica* e depois *dentro* da criança, como categoria *intrapsicológica*. Isso pode ser igualmente aplicado à atenção voluntária, memória lógica e formação de conceitos. As relações reais entre os indivíduos estão na base de todas as funções superiores" (capítulo 4). No meio da confusão que rodeia a criança nos primeiros meses de vida, os pais auxiliam indicando e levando a criança para perto de objetos e lugares significativos para a adaptação (brinquedos, geladeira, armário, parque), ajudando-a dessa maneira a ignorar outras características irrelevantes do ambiente (objetos para adultos, como livros, ferramentas etc.). Essa atenção socialmente mediada desenvolve na criança a atenção voluntária e mais independente, que vai ser por ela utilizada na classificação do seu ambiente.

Contrastando com a bem conhecida afirmação de J. B. Watson de que o pensamento é uma "linguagem subvocal", Vigotski descreve em seu livro *Pensamento e linguagem* como a criança em desenvolvimento internaliza a linguagem social tornando-a pessoal e como esses dois aspectos da cognição, inicialmente independentes, mais tarde se unem: "Até um certo momento, os dois seguem caminhos distintos, independentes... Num certo momento esses caminhos se encontram, quando o pensamento torna-se verbal e a fala racional" (p. 44). Desse modo Vigotski demonstra a eficácia do processo de conceituar funções relacionadas não como identidades, mas sim como unidade de dois processos distintos.

Acreditamos que essa concepção do desenvolvimento humano em suas diversas manifestações tem valor para a investigação psicológica contemporânea. Embora Vigotski tenha dedicado a maior parte de seus esforços ao estudo da criança, considerar esse grande psicólogo russo como um estudioso do desenvolvimento infantil seria um erro; sua ênfase no estudo do desenvolvimento foi devida à sua convicção de que esse estudo era o meio teórico e metodológico elementar necessário para desvendar os processos humanos complexos, visão da psicologia humana que distingue Vigotski de seus contemporâneos e dos nossos. Não havia distinção real, para Vigotski, entre a psicologia do desenvolvimento e a pesquisa psicológica básica. Além disso, ele reconhecia que uma teoria abstrata não é suficiente para captar os momentos críticos da transformação; mostrou que o pesquisador deve ser um observador perspicaz da criança brincando, aprendendo e respondendo ao ensino. A engenhosidade dos experimentos de Vigotski foi um produto de sua capacidade e interesse como observador e como experimentador.

Implicações educacionais

Vigotski explora neste livro as diversas dimensões temporais da vida humana. Ele jamais identifica o desenvolvimento histórico da humanidade com os estágios do desenvolvimento individual, uma vez que ele se opõe à teoria biogenética da recapitulação. Na verdade, sua preocupação está voltada para as consequências da atividade humana na medida em que esta transforma tanto a natureza como a sociedade. Embora o trabalho dos homens e das mulheres no sentido de melhorar o seu mundo esteja vinculado às condições materiais de sua época, é também afetado pela capacidade humana de aprender com o passado, imaginar e planejar o futuro. Essas habilidades especificamente humanas não estão presentes nos recém-nascidos, mas já aos três anos a criança pode experimentar a tensão entre desejos que só podem ser satisfeitos no futuro e necessidades de gratificação imediata. Essa contradição é explorada e temporariamente resolvida através do brinquedo. Assim Vigotski situa o começo da imaginação humana na idade de três anos: "A imaginação é uma nova formação que não está presente na consciência da criança mais nova, totalmente ausente nos animais e representa uma forma especificamente humana de atividade consciente. Como todas as funções da consciência, ela também surge originalmente da ação. O velho adágio que diz que o brinquedo é a imaginação em ação pode ser invertido: podemos dizer que a imaginação nos adolescentes e escolares é brinquedo sem ação" (capítulo 7).

No brinquedo, a criança projeta-se nas atividades adultas de sua cultura e ensaia seus futuros papéis e valores. Assim o brinquedo antecipa o desenvolvimento; com ele a criança começa a adquirir a motivação, as habilidades e as atitudes necessárias a sua participação social, a qual só pode ser completamente atingida com a assistência de seus companheiros da mesma idade e mais velhos.

Durante os anos da pré-escola e da escola as habilidades conceituais da criança são expandidas através do brinquedo e do uso da imaginação. Nos seus jogos variados a criança adquire e inventa regras ou, segundo Vigotski, "ao brincar, a criança está sempre acima da própria idade, acima de seu comportamento diário, maior do que é na realidade" (capítulo 7). Na medida em que a criança imita os mais velhos em suas atividades padronizadas culturalmente, ela gera oportunidades para o desenvolvimento intelectual. Inicialmente, seus jogos são lembranças e reproduções de situações reais; porém, através da dinâmica de sua imaginação e do reconhecimento de regras implícitas que dirigem as atividades reproduzidas em seus jogos, a criança adquire um controle elementar do pensamento abstrato. Nesse sentido o brinquedo dirige o desenvolvimento, argumenta Vigotski.

Analogamente, a instrução e o aprendizado na escola estão avançados em relação ao desenvolvimento cognitivo da criança. Vigotski propõe um paralelo entre o brinquedo e a instrução escolar: ambos criam uma "zona de desenvolvimento proximal" (capítulos 6 e 7) e em ambos os contextos a criança elabora habilidades e conhecimentos socialmente disponíveis que passará a internalizar. Durante as brincadeiras todos os aspectos da vida da criança tornam-se temas de jogos; na escola, tanto o conteúdo do que está sendo ensinado como o papel do adulto especialmente treinado que ensina são cuidadosamente planejados e mais precisamente analisados.

Leontiev e Luria resumem, em um ensaio sobre as ideias psicológicas de L. S. Vigotski, alguns aspectos específicos da educação na sala de aula:

> O processo de educação escolar é qualitativamente diferente do processo de educação em sentido amplo. Na escola a criança está diante de uma tarefa particular: entender as bases dos estudos científicos, ou seja, um sistema de concepções científicas.
> Durante o processo de educação escolar a criança parte de suas próprias generalizações e significados; na verdade ela não sai de seus conceitos, mas, sim, entra num novo caminho acompanhada deles, entra no caminho da análise intelectual, da comparação, da unificação e do estabelecimento de relações lógicas. A criança raciocina, seguindo as explicações recebidas, e então reproduz operações lógicas, novas para ela, de transição de uma generalização para outras generalizações. Os conceitos iniciais que foram construídos na criança ao longo de sua vida no contexto de seu ambiente social (Vigotski chamou esses conceitos de "diários" ou "espontâneos", espontâneos na medida em que são formados independentemente de qualquer processo especialmente voltado para desenvolver seu controle) são agora deslocados para novo processo, para nova relação especialmente cognitiva com o mundo, e assim nesse processo os conceitos da criança são transformados e sua estrutura muda. Durante o desenvolvimento da consciência na criança o entendimento das bases de um sistema científico de conceitos assume agora a direção do processo.[9]

Vigotski e Luria iniciaram estudos com a finalidade de examinar as consequências cognitivas da transformação social acelerada e do impacto específico da escolaridade[10]. Além de seu interesse no desenvolvimento da cognição em populações iletradas, Vigotski ocupou-se de outros aspectos das transformações sociais e educacionais originadas pela Revolução de Ou-

··········
9. A. N. Leontiev e A. R. Luria, "The Psychological Ideas of L. S. Vygotsky", em B. B. Wolman, orgs., *Historical Roots of Contemporary Psychology*, Nova Iorque, Harper and Row, 1968, pp. 338-67.
10. A. R. Luria, *Cognitive Development: Its Cultural and Social Foundations*, Cambridge, Harvard University Press, 1976.

tubro. Essas preocupações são encontradas em muitos educadores contemporâneos nos países que passam por modernização e urbanização aceleradas. Mesmo nos Estados Unidos, onde o conceito de educação pública é de dois séculos atrás, problemas semelhantes aparecem, porque grandes grupos de pessoas não estão ainda integrados ou não são atendidos pela educação de massa. Alguns dos problemas que Vigotski ressaltou e que ainda estão vivos hoje são a extensão e os objetivos da educação pública, o uso de testes padronizados para medir a potencialidade escolar das crianças e modelos eficazes para o ensino e formulação de currículos.

Através do conceito da zona de desenvolvimento proximal defendido por Vigotski durante os intensos debates sobre educação na década de 30, ele desenvolveu, do ponto de vista da instrução, os aspectos centrais da sua teoria da cognição: a transformação de um processo interpessoal (social) num processo intrapessoal, os estágios de internalização; o papel dos aprendizes mais experientes. Segundo Vigotski, a zona de desenvolvimento proximal é "a distância entre o nível real (da criança) de desenvolvimento determinado pela resolução de problemas independentemente e o nível de desenvolvimento potencial determinado pela resolução de problemas sob orientação de adultos ou em colaboração com companheiros mais capacitados" (capítulo 6).

Muitos educadores, reconhecendo que a velocidade de aprendizado pode variar de criança para criança, isolam os "aprendizes lentos" de seus professores e companheiros através do uso de instrução programada e muitas vezes mecanizada. Vigotski, por outro lado, na medida em que vê o aprendizado como um processo profundamente social, enfatiza o diálogo e as diversas funções da linguagem na instrução e no desenvolvimento cognitivo mediado. A simples exposição dos estudantes a novos materiais através de exposições orais não permite a orientação por adultos nem a colaboração de companheiros. Para implementar o conceito de zona de desenvolvimento proximal na instrução, os psicólogos e educadores devem colaborar na análise dos processos internos ("subterrâneos") de desenvolvimento que são estimulados ao longo do ensino e que são necessários para o aprendizado subsequente. Nessa teoria, o ensino representa, então, o meio através do qual o desenvolvimento avança; em outras palavras, os conteúdos socialmente elaborados do conhecimento humano e as estratégias cognitivas necessárias para sua internalização são evocados nos aprendizes segundo seus "níveis reais de desenvolvimento". Vigotski critica a intervenção educacional que se arrasta atrás dos processos psicológicos desenvolvidos em vez de focalizar as capacidades e funções emergentes. Uma aplicação particularmente imaginativa desses princípios são as campanhas de alfabetização desenvolvidas por Paulo Freire em países do Terceiro Mundo. Paulo Freire adaptou seus métodos educacionais ao contexto histórico e cultural de seus alunos, possibilitando a combinação de seus conceitos "espontâneos" (aqueles baseados na prática social) com os conceitos introduzidos pelos professores na situação de instrução[11].

A abordagem histórico-cultural de Vigotski

Talvez o tema que mais distingue os escritos de Vigotski seja sua ênfase nas qualidades únicas de nossa espécie, nossas transformações e nossa realização ativa nos diferentes contextos culturais e históricos. Ao longo deste livro, Vigotski diferencia, repetidamente, as capacidades adaptativas dos animais e dos homens. O fator crítico sobre o qual está apoiada essa distinção são as dimensões historicamente criadas e culturalmente elaboradas da vida humana, ausentes na organização social dos animais. Ao longo do desenvolvimento das funções superiores – ou seja, ao longo da internalização do processo de conhecimento – os aspectos particulares da existência social humana refletem-se na cognição humana: um indivíduo tem a

....
11. P. Freire, *Pedagogia do oprimido*, Paz e Terra, 41.ª ed., 2002.

dade de expressar e compartilhar com os outros membros de seu grupo social o entendimento que ele tem da experiência comum ao grupo.

A imaturidade relativa da criança, em contraste com outras espécies, torna necessário um apoio prolongado por parte de adultos, circunstância que cria uma contradição psicológica básica para a criança: por um lado ela depende totalmente de organismos imensamente mais experientes que ela; por outro lado, ela colhe os benefícios de um contexto ótimo e socialmente desenvolvido para o aprendizado. Embora as crianças dependam de cuidado prolongado, elas participam ativamente do próprio aprendizado nos contextos da família e da comunidade. Edvard E. Berg escreveu a respeito:

> Assim como os instrumentos de trabalho mudam historicamente, os instrumentos do pensamento também se transformam historicamente. E assim como novos instrumentos de trabalho dão origem a novas estruturas sociais, novos instrumentos do pensamento dão origem a novas estruturas mentais. Tradicionalmente, pensava-se que coisas como a família e o Estado sempre tinham existido mais ou menos de forma atual. Da mesma maneira, tendia-se a encarar a estrutura da mente como algo universal e eterno. Para Vigotski, todavia, tanto as estruturas sociais como as estruturas mentais têm de fato raízes históricas muito definidas, sendo produtos bem específicos de níveis determinados do desenvolvimento dos intrumentos.[12]

Os estudos de Vigotski foram profundamente influenciados por Friedrich Engels, que enfatizou o papel crítico do trabalho e dos instrumentos na transformação da relação entre os seres humanos e o meio ambiente. O papel dos instrumentos no desenvolvimento humano foi descrito por Engels da seguinte maneira: "O instrumento simboliza especificamente a atividade humana, a transformação da natureza pelo homem: a produção."[13]

----

12. E. Berg., "Vygotsky's Theory", pp. 45-6.
13. K. Marx e F. Engels, *Selected Works*, Moscou, 1953, p. 63.

Essa abordagem requer a compreensão do papel ativo da história no desenvolvimento psicológico humano. No livro *Dialética da natureza*, Engels apresentou alguns conceitos básicos que foram desenvolvidos por Vigotski. Ambos criticaram os psicólogos e filósofos que sustentavam "que apenas a natureza afeta o homem e apenas as condições naturais determinam o desenvolvimento histórico do homem", enfatizando que ao longo da história o homem também "afeta a natureza, transformando-a, criando para si novas condições naturais de existência"[14]. Além disso, Vigotski argumentou que o efeito do uso de instrumentos sobre os homens é fundamental não apenas porque os ajuda a se relacionar mais eficazmente com seu ambiente como também devido aos importantes efeitos que o uso de instrumentos tem sobre as relações internas e funcionais no interior do cérebro humano.

Embora Engels e Vigotski tenham baseado suas teorias nos limitados achados arqueológicos disponíveis na época em que escreveram, arqueólogos e antropólogos contemporâneos como os Leakeys e Sherwood Washburn interpretam achados mais recentes de maneira coerente com o ponto de vista de Engels e Vigotski. Washburn escreve que "foi o sucesso dos instrumentos mais simples que deflagrou a marcha da evolução humana e levou à civilização atual". Vigotski muito provavelmente teria concordado com Washburn quando este vê a evolução da vida humana a partir dos nossos ancestrais primatas resultando em "primatas inteligentes, exploradores, brincalhões e vigorosos... e que os instrumentos, a caça, o fogo, a fala social complexa, o modo humano e o cérebro evoluíram juntos para produzir o homem primitivo"[15]. Essas descobertas arqueológicas confirmam os conceitos de Vigotski sobre o que é ser humano.

O impacto do trabalho de Vigotski – como o de todos os grandes teóricos – é ao mesmo tempo geral e específico. Tanto

....
14. F. Engels, *Dialectics of Nature*, Nova Iorque, International Publishers, 1940, p. 172.
15. Washburn, "Tools and Human Evolution", *Scientific American*, 203, n.º 3, (1960): 63-75.

os psicólogos que estudam cognição como os educadores estão interessados na exploração das implicações atuais dos conceitos de Vigotski, seja quando discutem o brinquedo, ou a gênese dos conceitos científicos, ou a relação entre linguagem e pensamento. Homens e mulheres que foram alunos de Vigotski há quarenta anos ainda debatem suas ideias com o vigor e a intensidade com que se discute um autor contemporâneo – nós que trabalhamos como seus editores encontramos muitas interpretações possíveis, algumas contraditórias, de seu trabalho. Porém, há um fio poderoso unindo os diversos e estimulantes escritos de Vigotski: é a maneira pela qual sua mente trabalhou. Seu legado num mundo cada vez mais destrutivo e alienante é oferecer, através de suas formulações teóricas, um instrumento poderoso para a reestruturação da vida humana com a finalidade de garantir a própria sobrevivência[16].

••••••••••
16. Gostaríamos de agradecer especialmente a Stan Steiner e Ricardo Maez pelo apoio contínuo ao longo de muitos anos de trabalho e pelo reconhecimento da importância das ideias de Vigotski para nosso futuro.

As obras de Vigotski

Em russo

1915
"A tragédia de Hamlet, príncipe da Dinamarca". Arquivo pessoal de L. S. Vigotski. Manuscrito.

1916
"Comentários literários sobre *Petesburg* de Andrey Biely". *O Novo Caminho*, 1916, n.º 47, pp. 27-32.
Crítica de *Petesburg* de Andrey Biely. *Crônica*, 1916, n.º 12, pp. 327-8.
Crítica de *Valas e Limites* de Vyacheslav Ivanov. *Crônica*, 1916, n.º 10, pp. 351-2.

1917
Crítica de *A alegria será* (peça teatral) de D. Merezhkovsky (publicada em *The Lights*, 1916). *Crônica*, 1917, n.º 1, pp. 309-67.
Prefácio e Comentários em "O padre" (poema) de N. L. Brodsky. *Crônica*, 1917, n.ºs 5-6, pp. 366-7.

1922
"Sobre os métodos do ensino de literatura nas escolas secundárias". Relatório à Conferência Distrital de Metodologia Científica, 7 de agosto, 1922. Arquivo pessoal de L. S. Vigotski. Manuscrito, 17 pp.

1923
"A investigação do processo de compreensão de linguagem utilizando a tradução múltipla de texto de uma língua para outra". Arquivo pessoal L. S. Vigotski. Manuscrito, 8 pp.

1924
Vigotski, L. S. (org.) *Problemas da educação de crianças cegas, surdas-mudas e retardadas*. Moscou: SPON NKP Publicações, 1924.
"Métodos de investigação psicológica e reflexológica". Relatório apresentado no Encontro Nacional de Psiconeurologia, Leningrado, 2 de janeiro, 1924. In: *Problemas da psicologia contemporânea*, II, 26-46, Leningrado, Casa de Publicações do Governo, 1926.
"Psicologia e educação de crianças excepcionais". In: *Problemas da educação de crianças cegas, surdas-mudas e retardadas*, pp. 5-30. Moscou: SPON NKP Publicações, 1924.
Prefácio de *Problemas da educação de crianças cegas, surdas-mudas e retardadas*. Moscou: SPON NKP, 1924.
"Os princípios de educação de crianças com defeitos físicos", 1924, nº 1, pp. 112-20.

1925
Crítica de *A escola auxiliar* de A. N. Graborov, *Educação pública*, 1925, nº 9, pp. 170-1.
Prefácio de *Além do princípio do prazer* de S. Freud. Moscou: Problemas Contemporâneos, 1925 (em colaboração com A. R. Luria).
Prefácio de *Psicologia geral e experimental* de A. F. Lasursky. Leningrado: Casa de Publicações do Governo, 1925.
"Os princípios de educação social de crianças surdas-mudas". Arquivo pessoal de L. S. Vigotski. Manuscrito, 26 pp.
Psicologia da arte. Moscou: Casa de Arte de Moscou Publicações, 1925 (379 pp.); 2.ª ed. 1968 (576 pp.).
"O consciente como problema da psicologia do comportamento". In: *Psicologia e marxismo*, I. 175-98. Moscou-Leningrado, Casa de Publicações do Governo, 1925.

1926-1927
Gráficos de Bikhovsky. Moscou, Casa de Publicações da Rússia Contemporânea, 1926. "Métodos de ensino de psicologia" (programa de curso). Arquivos Estatais do Distrito de Moscou, fol. 948, vol. I, conjunto 613, p. 25.

"Sobre a influência do ritmo da fala sobre a respiração". In: *Problemas da psicologia contemporânea*, II, 169-73. Leningrado: Casa de Publicação do Governo, 1926.

Psicologia pedagógica. Moscou: Casa de Publicações O Trabalhador da Educação, 1926.

"Introspecção" de Koffka. In: *Problemas da psicologia contemporânea*, pp. 176-8. Moscou-Leningrado: Casa de Publicações do Governo, 1926.

Prefácio de *Princípios de aprendizagem baseados na psicologia*, de E. L. Thorndike (traduzido do inglês), pp. 5-23. Moscou: Casa de Publicações O Trabalhador da Educação, 1926.

Prefácio de *A prática da psicologia experimental, educação e psicotécnica*, de R. Schulz (traduzido do alemão), pp. 3-5. Moscou: Casa de Publicações Problemas do Trabalho, 1926 (em colaboração com A. R. Luria).

"O problema das reações de dominância". In: *Problemas da psicologia Contemporânea*, II, 100-123. Leningrado, Casa de Publicações do Governo, 1926.

Crítica de *A psique de crianças proletárias*, de Otto Rulle (Moscou-Leningrado, 1926). Arquivo pessoal de L. S. Vigotski. Manuscrito, 3 pp.

"A lei biogenética na psicologia e na educação". *Grande enciclopédia soviética*, 1927, vol. VI, cols. 275-9.

"Defeito e supercompensação". In: *Retardamento, cegueira e mutismo*, pp. 51-76. Moscou, Casa de Publicações Abaixo o Analfabetismo, 1927.

"O significado histórico da crise na psicologia". Arquivo pessoal de L. S. Vigotski. Manuscrito, 430 pp.

O manual da psicologia experimental. Moscou, Casa de Publicações do Governo, 1927 (em colaboração com V. A. Artomov, N. A. Bernshtein, N. F. Dobrinin e A. R. Luria).

Aulas de psicologia. Moscou-Leningrado, Casa de Publicações do Governo, 1927 (em colaboração com V. A. Artomov, N. P. Dobrinin e A. R. Luria).

Crítica de *O método de observação psicológica na criança*, de M. Y. Basov (Moscou-Leningrado, Casa de Publicações do Governo, 1927). *Professor do Povo*, 1927, n.º 1, p. 152.

"Psicologia contemporânea e arte". *Arte Soviética*, 1927, n.º 8, pp. 5-8: 1928, n.º 1, pp. 5-7.

1928
"Anomalias no desenvolvimento cultural da criança". Relatório ao Departamento de Defectologia, Instituto de Educação, Segunda Universidade Estatal de Moscou, 28 de abril, 1928. *Problemas de defectologia*, 1929, n° 2 (8) pp. 106-7.
"Behaviorismo". *Grande enciclopédia soviética*, 1928, vol. III, cols. 483-486.
"Crianças doentes". *Enciclopédia pedagógica*, 1928, vol. II, cols. 396-397.
"A vontade e seus distúrbios". *Grande enciclopédia soviética*, 1928, vol. V, cols. 590-600.
"A educação de crianças cegas, surdas e mudas". *Enciclopédia pedagógica*, 1928, vol. II, cols. 395-396.
"Relatório da conferência sobre método de ensino de psicologia em faculdades de educação", 10 de abril, 1928. Arquivos Estatais do Distrito de Moscou, fol. 948, vol. I, pp. 13-5.
"A gênese das formas culturais do comportamento". Conferência, 7 de dezembro, 1928. Arquivo pessoal de L. S. Vigotski. Estenografado, 28 pp.
"Defeito e compensação". *Enciclopédia pedagógica*, 198, vol. II, cols. 391-392.
"O método instrumental em psicologia". In: *Os problemas principais da pedologia da URSS*, pp. 158-9. Moscou, 1928.
"Os resultados de um encontro". *Educação pública*, 1928, n° 2, pp. 56-7.
"Inválidos". *Enciclopédia pedagógica*, 1928, vol. II, col. 396.
"A questão da dinâmica do caráter na criança". In: *Pedologia e educação*, pp. 99-119. Moscou, Casa de Publicações O Trabalhador da Educação, 1928.
"A questão relativa à duração da infância na criança retardada". Relatório apresentado no Encontro do Departamento de Defectologia do Instituto de Pedagogia. Segunda Universidade Estatal de Moscou, 18 de dezembro, 1928. *Problemas de Defectologia*, 1929, n° 2 (8) p. 111.
"A questão da criança poliglota". Arquivo pessoal de L. S. Vigotski. Manuscrito, 32 pp.
"Conferências sobre a psicologia do desenvolvimento". Arquivo pessoal de L. S. Vigotski. Estenografado, 54 pp.
"Métodos de investigação de crianças retardadas". Relatório apresentado à Primeira Conferência Nacional de Trabalhadores Auxiliares em Escolas. Arquivos do Instituto de Defectologia, Academia de Ciências Pedagógicas, URSS. Manuscrito, 1 p.

"Sobre as intersecções da educação soviética e estrangeira". *Problema de defectologia*, 1928, n.º 1, pp. 18-26.
"Em memória de V. M. Bekhterev". *Educação pública*, 1928, n.º 2, pp. 68-70.
A pedagogia de crianças em idade escolar. Conferências 1-8. Moscou, Divisão de Extensão da Segunda Universidade Estatal de Moscou, 1928.
"O problema do desenvolvimento cultural da criança". *Pedologia*, 1928, n.º 1, pp. 58-77.
"A ciência psicológica na URSS". In: *As ciências sociais da URSS (1917--1927)*, pp. 25-46. Moscou, Casa de Publicações O Trabalhador da Educação, 1928.
"A base psicológica para o ensino de crianças mudas". *Enciclopédia pedagógica*, 1928, vol. II, col. 395.
"A base psicológica para o ensino de crianças cegas". *Enciclopédia pedagógica*, 1928, vol. II, cols. 394-395.
"As bases psico-fisiológicas para o ensino de crianças anormais". *Enciclopédia pedagógica*, 1928, vol. II, cols. 392-399.
"A investigação do desenvolvimento da criança difícil". In: *Problemas importantes da pedologia na URSS*, pp. 132-6, Moscou, 1928.
"Crianças normais e anormais". *Enciclopédia pedagógica*, 1928, vol. II, col. 398.
"As bases sociopsicológicas para o ensino da criança anormal". *Enciclopédia pedagógica*, 1928, vol. II, cols. 393-394.
"Os três tipos principais de anormalidade". *Enciclopédia pedagógica*, 1928, vol. II, col. 392.
"Infância difícil". Conferências 3 e 4. Arquivos do Instituto de Defectologia, Academia de Ciências Pedagógicas, URSS. Estenografado, 9 pp.
"A criança retardada". *Enciclopédia pedagógica*, 1928, vol. II, cols. 397-398.

1929
"Conferências sobre a infância anormal". *Problemas de defectologia*, 1929 (1930), n.º 2 (8), pp. 108-12.
"Raízes do desenvolvimento do pensamento e da fala". *Ciências naturais e marxismo*, 1929, n.º 1, pp. 106-33.
"Gênio". *Grande enciclopédia soviética*, 1929, vol. VI, cols. 612-613.
"Sobre o plano de pesquisa de pedologia das minorias nacionais". *Pedologia*, 1929, n.º 3, pp. 367-77.
"O intelecto dos antropóides na obra de W. Kohler". *Ciências naturais e marxismo*, 1929, n.º 2, pp. 131-53.

"Algumas questões metodológicas". Arquivos da Academia de Ciências Pedagógicas, URSS, fol. 4, vol. I, n? 103, pp. 51-2, 73-4.
"Os princípios postulados do plano de pesquisa pedagógica sobre crianças difíceis". *Pedologia*, 1929, n? 3, pp. 333-42.
"Os principais problemas da defectologia contemporânea". Relatório à Seção de Defectologia do Instituto de Educação, Universidade Estatal de Moscou. In: *Obras da Segunda Universidade Estatal de Moscou*, I, 77-106. Moscou, 1929.
"História do desenvolvimento cultural da criança normal e da anormal". Arquivos pessoais de L. S. Vigotski, 1929-1930. Manuscrito.
A pedologia do adolescente. Conferências 1-4, 5-8. Moscou: Divisão de Extensão da Segunda Universidade Estatal de Moscou, 1929.
Temas e métodos da psicologia contemporânea. Moscou: Divisão de Extensão da Segunda Universidade Estatal de Moscou, 1929.
"O problema da idade cultural". Conferência, 15 de fevereiro, 1929. Arquivos pessoais de L. S. Vigotski, Estenografado, 18 pp.
"O desenvolvimento da atenção ativa na infância". In: *Problemas da educação marxista*, I, 112-42. Moscou: Academia de Educação Comunista, 1929. Também em *Seleção de investigações psicológicas*, pp. 389-426. Moscou: Casa de Publicações da Academia de Ciências Pedagógicas, 1956.
Crítica de *Trabalho dramático na escola como base para investigação da criatividade da criança*, escrito por Dimitrieva, Oldenburg e Perekrestova (Moscou: Casa de Publicações do Governo, 1929). *Arte na escola*, 1929, n? 8, pp. 29-31.
Crítica de *Avanços contemporâneos em psicologia animal*, escrito por D. N. Kashkarov (Moscou: Casa de Publicações do Governo, 1928). *Ciência natural e marxismo*, 1929, n? 2, pp. 209-11.
Crítica de *A linguagem das crianças*, escrito por C. Stern e W. Stern (Leipzig: Barth, 1928). *Ciência natural e marxismo*, 1929, n? 3, pp. 185-92.
Crítica de *Métodos de influência educacional*, escrito por S. M. Rives (Moscou: Casa de Publicações O Trabalhador da Educação, 1929). *Pedologia*, 1929, n? 4, pp. 645-6.
"A estrutura de interesses na adolescência e dos interesses do adolescente trabalhador". In: *Problemas da pedologia do trabalhador adolescente*, IV, pp. 25-68, Moscou, 1929.

1930
"A base biológica do afeto". *Eu quero saber tudo*, 1930, n?^{os} 15-6, pp. 480-1

Prefácio do material coletado pelos trabalhadores do Instituto de Educação Científica. 13 de abril, 1930. Arquivos da Academia de Ciências Pedagógicas, URSS, fol. 4, vol. I, n.º 103, pp. 81-2.

"É possível estimular a memória extraordinária?" *Eu quero saber tudo*, 1930, n.º 24, pp. 700-3.

"Imaginação e criatividade na infância". Arquivos pessoais de L. S. Vigotski. Manuscrito.

Problemas de defectologia, VI, L. S. Vigotski, ed. 1930 (em colaboração com D. I. Asbukhin e L. V. Zankov).

Prefácio de *Ensaio sobre o desenvolvimento espiritual da criança*, escrito por K. Buhler. Moscou: Casa de Publicações O Trabalhador da Educação, 1930.

"Memória extraordinária". *Eu quero saber tudo*, 1930, n.º 19, pp. 553-4.

"O método instrumental em psicologia". Relativo à Academia de Educação Comunista. Arquivos pessoais de L. S. Vigotski. Manuscrito.

"A questão do desenvolvimento da fala e a educação da criança surda-muda". Relatório à Segunda Conferência de Trabalhadores em Escola. Arquivos do Instituto de Defectologia. Academia de Ciências Pedagógicas, URSS, manuscrito, 2 pp.

"O problema do desenvolvimento de interesses". *Educação dos trabalhadores*, 1930, n.ºs 7-8, pp. 63-81.

"O desenvolvimento cultural de crianças retardadas e anormais". Relatório ao Primeiro Encontro para Investigação do Comportamento Humano. Moscou, 1.º de fevereiro, 1930. *In: Ciências psicológicas na URSS*, pp. 195-6. Moscou-Leningrado: Medgiz, 1930.

"Novos desenvolvimentos em pesquisa psicológica". Relatório ao Terceiro Encontro Nacional de Cuidado Infantil, maio, 1930. *O internato*, 1930, n.º 7, pp. 22-7.

"Sistemas psicológicos". Relatório à Clínica Neurológica da Primeira Universidade Estatal de Moscou, 9 de outubro, 1930. Arquivos pessoais de L. S. Vigotski. Estenografado.

"Instrumento e signo". Arquivos pessoais de L. S. Vigotski. Manuscrito.

"A relação entre trabalho e desenvolvimento intelectual na criança". *Pedologia*, 1930, n.ºs 5-6, pp. 588-96.

"O comportamento do homem e dos animais". Arquivos pessoais de L. S. Vigotski, 1929-1930. Manuscrito.

Prefácio de *Guia do professor para a investigação do processo educacional*, escrito por B. R. Bekingem. Moscou: Casa de Publicações O Trabalhador da Educação, 1930.

Prefácio de *Investigação do intelecto dos antropóides*, escrito por W. Kohler. Moscou, Casa de Publicações da Academia Comunista, 1930.

"O problema das funções intelectuais superiores no sistema de investigação psicológica". *Psicologia e psicofisiologia do trabalho*, vol. 3, (1930), n.º 5, pp. 374-84.

"A mente, consciência e inconsciência". In: *Elementos de psicologia geral*, 4.ª ed., pp. 48-61. Moscou, Divisão de Extensão da Segunda Universidade Estatal de Moscou, 1930.

"O desenvolvimento dos padrões superiores de comportamento na criança". Relatório ao Primeiro Encontro de Comportamento Humano, 28 de janeiro, 1930. In: *Ciências psiconeurológicas na URSS*, pp. 138-9. Moscou-Leningrado: Medgiz, 1930.

"O desenvolvimento da consciência na infância". Arquivos pessoais de L. S. Vigotski. Estenografado.

"Sono e sonhos". In: *Elementos de psicologia geral*, pp. 62-75. Moscou, Divisão de Extensão da Segunda Universidade Estatal de Moscou, 1930.

"A reconstrução comunista do homem". *Varnitso*, 1930, n.ºs 9-10, pp. 36-44.

"Psicologia estrutural". In: *Tendências principais na psicologia contemporânea*, escrito por L. S. Vigotski e S. Gellershtein, pp. 84-125. Moscou-Leningrado: Casa de Publicações do Governo, 1930.

"Eidética". In: *Tendências principais na psicologia contemporânea*, escrito por L. S. Vigotski e S. Gellershtein, pp. 178-205. Moscou-Leningrado: Casa de Publicações do Governo, 1930.

"Investigação experimental dos processos superiores do comportamento". Relatório ao Primeiro Encontro de Comportamento Humano, 28 de janeiro, 1930. In: *Ciências psiconeurológicas na URSS*. Moscou-Leningrado: Medgiz, 1930.

1931
Buhler, C. et al. *O estudo sócio-psicológico da criança durante o primeiro ano de vida*. L. S. Vigotski (org.). Moscou-Leningrado: Medgiz, 1931 (em colaboração com A. R. Luria).

"Relatório do debate sobre reactologia, 1931". Arquivos do Instituto de Psicologia Geral e Pedagógica. Academia de Ciências Pedagógicas, URSS, fol. 82, vol. I, pp. 5-15. Estenografado (corrigido por L. S. Vigotski).

Diagnóstico do desenvolvimento e clínica pedológica para crianças difíceis. Moscou: Casa de Publicações do Instituto de Defectologia Experimental, 1931.

"A história do desenvolvimento das funções psicológicas superiores". In: *Desenvolvimento das funções psicológicas superiores*, escrito por L. S. Vigotski, pp. 13-223. Moscou: Academia de Ciências Pedagógicas, RSFSR, 1960.

"A questão dos processos compensatórios no desenvolvimento da criança retardada". Relatório à Conferência dos Trabalhadores de Escolas Auxiliares, Leningrado, 23 de maio, 1931. Arquivos pessoais de L. S. Vigotski. Estenografado, 48 pp.

"Problemas da pedologia e ciências afins". *Pedologia*, 1931, n.º 3, pp. 52-8.

"O coletivo como fator de desenvolvimento da criança anormal". In: *Problemas de defectologia*, 1931, n.ºˢ 1-2, pp. 8-17; n.º 3, pp. 3-18.

"Pensamento", *A grande enciclopédia soviética*, 1931, vol. XIX, cols. 414-26.

A pedologia do adolescente. Conferência 9-16. Moscou-Leningrado, Divisão de Extensão da Segunda Universidade Estatal de Moscou, 1931.

"Atividade prática e pensamento no desenvolvimento da criança em relação a um problema politécnico". Arquivos pessoais de L. S. Vigotski. Manuscrito, 4 pp.

Prefácio de *Desenvolvimento da memória*, escrito por A. N. Leontiev. Moscou-Leningrado: Uchpedgiz, 1931.

Prefácio de *Ensaios sobre o comportamento e a educação da criança surda-muda*, escrito por Y. K. Zvelfel. Moscou-Leningrado: Uchpedgiz, 1931.

O dicionário psicológico. Moscou: Uchpedgiz, 1931 (em colaboração com B. E. Varshava).

"Psicotécnica e pedologia". Relatório ao Encontro da Academia Comunista, 21 de novembro, 1930. Arquivos do Instituto de Psicologia Geral e Pedagógica, Academia de Ciências Pedagógicas, URSS, fol. 82, vol. I, n.º 3, pp. 23-57.

1932

"O problema da criatividade em atores". In: *A psicologia dos sentimentos de um ator em cena*, J. M. Jakobson (org.), pp. 197-211. Moscou: Casa de Publicações do Governo, 1936.

"Em direção a uma psicologia da esquizofrenia". *Neuropatologia, psicologia e psico-higiene soviéticas*, vol. I (1932), n.º 8, pp. 352-61.

"Em direção a uma psicologia da esquizofrenia". In: *Problemas contemporâneos da esquizofrenia*, pp. 19-28, Moscou: Medgiz, 1933.

"Conferências de psicologia". Instituto Pedagógico de Leningrado, março-abril, 1932. Arquivos do Instituto Pedagógico de Leningrado.

Estenografado. Também em *Desenvolvimento das funções psicológicas superiores*, pp. 235-63. Moscou: Academia de Ciências Pedagógicas, RSFSR, 1960.

"Infância", arquivos pessoais de L. S. Vigotski. Manuscrito, 78 pp.

Prefácio de *Educação e ensino da criança retardada*, escrito por E. K. Gracheva. Moscou-Leningrado: Uchpedgiz, 1932.

Prefácio de *Desenvolvimento da memória*, escrito por A. N. Leontiev. Moscou, 1932 (com A. N. Leontiev).

"O problema do desenvolvimento da criança na pesquisa de Arnold Gesell". *In: Educação e infância*, escrito por A. Gesell, pp. 3-14. Moscou-Leningrado: Uchpedgiz, 1932.

"O problema da fala e do pensamento da criança nos ensinamentos de Piaget". *In: Linguagem e pensamento da criança*, escrito por J. Piaget, pp. 3-54. Moscou-Leningrado: Uchpedgiz, 1932.

"Primeira infância". Conferência, Instituto Pedagógico de Leningrado, 15 de dezembro, 1938. Arquivos do Instituto Pedagógico de Leningrado. Estenografado, 50 pp.

"Linhas contemporâneas em psicologia". Relatório à Academia Comunista, 26 de julho, 1932. *In: Desenvolvimento das funções psicológicas superiores*, escrito por L. S. Vigotski, pp. 458-81. Moscou: Academia de Ciências Pedagógicas, RSFSR, 1960.

1933
"Conferência introdutória sobre a psicologia da idade". Casa Central de Educação Artística de Crianças, 19 de dezembro, 1932. Arquivos do Instituto Pedagógico de Leningrado. Estenografado, 34 pp.

"Dinâmica do desenvolvimento mental em escolares em relação à educação". Relatório ao Encontro do Departamento de Defectologia do Instituto Pedagógico Bubnov, 23 de dezembro, 1933. *In: Desenvolvimento mental das crianças durante a educação*, escrito por L. S. Vigotski, pp. 33-52. Moscou-Leningrado, Casa de Publicações do Governo, 1935.

"Idade pré-escolar". Conferência, Instituto Pedológico de Leningrado, 13-14 de dezembro, 1933. Arquivos pessoais de L. S. Vigotski. Estenografado, 15 pp.

"O brinquedo e seu papel no desenvolvimento psicológico da criança". Conferência, Instituto Pedagógico de Leningrado, 1933. *Problemas da psicologia*, 1966, n.º 6, pp. 62-76.

"Questões sobre a dinâmica do desenvolvimento intelectual da criança normal e anormal". Instituto Pedagógico Bubnov, 23 de dezembro, 1933. Arquivos pessoais de L. S. Vigotski. Estenografado.

"Crise do primeiro ano de vida". Conferência, Instituto Pedagógico de Leningrado. Arquivos do Instituto Pedagógico de Leningrado. Estenografado, 37 pp.
"Idades críticas". Conferência, Instituto Pedagógico de Leningrado, 26 de junho, 1933. Arquivos do Instituto Pedagógico de Leningrado. Manuscrito, 15 pp.
"A fase negativa da adolescência". Conferência, Instituto Pedagógico de Leningrado. Manuscrito, 17 pp.
"Estudo do trabalho escolar de criança". Relatório ao Instituto Pedagógico de Leningrado, 30 de janeiro, 1933. Arquivos pessoais de L. S. Vigotski. Estenografado.
"Estudo pedológico do processo pedagógico". Relatório ao Instituto de Defectologia Experimental, 17 de março, 1933. In: *Desenvolvimento mental da criança durante a educação*, escrito por L. S. Vigotski, pp. 116-34. Moscou-Leningrado, Uchpedgiz, 1935.
"Adolescência". Conferência, Instituto Pedagógico de Leningrado, 25 de junho, 1933. Arquivos do Instituto Pedagógico de Leningrado. Estenografado, 19 pp.
"Pedologia do pré-escolar". Conferência, Instituto Pedagógico de Leningrado, 31 de janeiro, 1933. Arquivos do Instituto Pedagógico de Leningrado. Estenografado, 16 pp.
Prefácio de *Trabalho escolar de crianças difíceis*, escrito por L. V. Zankov, M. S. Pevsner e V. F. Shmidt. Moscou-Leningrado: Uchpedgiz, 1933.
"Problemas de idade: o brinquedo". Discurso de conclusão do Seminário do Instituto Pedagógico de Leningrado, 23 de março, 1933. Arquivos do Instituto Pedagógico de Leningrado. Estenografado, 39 pp.
"Problemas de desenvolvimento". Conferência, Instituto Pedagógico de Leningrado, 27 de novembro, 1933. Arquivos do Instituto Pedagógico de Leningrado, Estenografado, 17 pp.
"O problema da consciência". Comentário à Conferência de A. R. Luria de 5-9 de dezembro, 1933. In: *Psicologia da gramática*, pp. 168-96. Moscou: Universidade Estatal de Moscou, 1968.
"O desenvolvimento do senso comum e idéias científicas na idade escolar". Relatório à Conferência Científica, Instituto Pedagógico de Leningrado, 20 de maio, 1933. In: *Desenvolvimento mental da criança durante a educação*, pp. 96-115. Moscou-Leningrado, Uchpedgiz, 1935.
"Estudo das emoções". Arquivos pessoais de L. S. Vigotski, 1933. Manuscrito, 555 pp. Também em "O estado das emoções à luz da psi-

coneurologia contemporânea". *Questões de filosofia*, 1970, n.º 6, pp. 110-30. Ver também "Duas direções na compreensão da natureza das emoções na psicologia estrangeira no início do século XX". *Problemas de psicologia*, 1968, n.º 2, pp. 149-56.

1934

"Demência durante a doença de Pick", *Neuropatologia, psiquiatria e psico-higiene soviéticas*, vol. 3 (1934), n.º 6, pp. 97-196 (em colaboração com G. V. Birenbaum e N. V. Samukhin).

"Desenvolvimento de idéias científicas durante a infância". *In: O desenvolvimento de idéias científicas em escolares*, escrito por Zh. I. Shif, pp. 3-17. Moscou-Leningrado: Uchpedgiz, 1935.

"Infância e primeira idade". Conferência, Instituto Pedagógico de Leningrado, 23 de fevereiro, 1934. Arquivos do Instituto Pedagógico de Leningrado. Estenografado, 24 pp.

Pensamento e linguagem. Moscou-Leningrado: Sozekgiz, 1934.

"O pensamento em escolares". Conferência, Instituto Pedagógico de Leningrado, 3 de maio, 1934. Arquivos do Instituto Pedagógico de Leningrado. Estenografado, 11 pp.

Fundamentos de pedologia. Moscou: Segundo Instituto Médico de Moscou, 1934.

"Adolescência". Conferência, Instituto Pedagógico de Leningrado, 25 de março, 1934. Arquivos do Instituto Pedagógico de Leningrado. Estenografado.

"Problemas de idade". Arquivos pessoais de L. S. Vigotski. Manuscrito, 95 pp. Também em *Problemas de psicologia*, 1972, n.º 2, pp. 114-23.

"Problemas de educação e desenvolvimento mental na idade escolar". *In: Desenvolvimento mental das crianças durante a educação*, escrito por L. S. Vigotski, pp. 3-19. Moscou-Leningrado: Uchpedgiz, 1935.

"O problema do desenvolvimento na psicologia estrutural". *In: Fundamentos do desenvolvimento psicológico*, escrito por K. Koffka, pp. ix-lxi. Moscou-Leningrado: Sozekgiz, 1934.

"O problema do desenvolvimento e da destruição das funções psicológicas superiores". *In: Desenvolvimento das funções psicológicas superiores*, escrito por L. S. Vigotski, pp. 364-3. Moscou: Academia de Ciências Pedagógicas, RSFSR (última contribuição de Vigotski, preparada um mês antes de sua morte).

"Psicologia e ensino da localização". *In: Relatório do Primeiro Encontro Ucraniano de Neuropatologistas e Psiquiatras*, pp. 34-41, Kharkov, 1934.

"Demência durante a doença de Pick". Arquivos pessoais de L. S. Vigotski, 1934. Manuscrito, 4 pp.
Fascismo na psiconeurologia. Moscou-Leningrado, Biomedgiz, 1934 (em colaboração com V. A. Giljarovsky *et al.*).
"Idade escolar". Arquivos pessoais de D. B. Elkonin, 1934, manuscrito, 42 pp.
"Idade escolar". Conferência, Instituto Pedagógico de Leningrado, 23 de fevereiro, 1934. Arquivos do Instituto Pedagógico de Leningrado. Estenografado, 61 pp.
"Investigação experimental do ensino de novos reflexos de fala pelo método de ligação com complexos". Arquivos pessoais de L. S. Vigotski. Manuscrito.

1935
"Educação e desenvolvimento durante a idade escolar". Relatório à Conferência Nacional de Educação Pré-Escolar, *in*: *Desenvolvimento mental das crianças durante a educação*, pp. 20-30. Moscou-Leningrado, Uchpedgiz, 1935.
"O problema da demência". *In*: *A criança retardada*, pp. 7-34. Moscou-Leningrado: Uchpedgiz, 1935.
A criança retardada. L. S. Vigotski (org.). Moscou-Leningrado: Uchpedgiz, 1935.

Trabalhos de vários anos

Pedologia da juventude. Características do comportamento do adolescente. Lições 6-9. Moscou, Divisão de Extensão da Faculdade de Educação. Segunda Universidade Estatal de Moscou.
"O problema do desenvolvimento cultural da criança". Arquivos pessoais de L. S. Vigotski. Manuscrito, 81 pp.
"A criança cega". Arquivos pessoais de L. S. Vigotski. Manuscrito, 3 pp.
Infância difícil. Moscou, Divisão de Extensão da Faculdade de Educação. Segunda Universidade Estatal de Moscou.

Em inglês

"The Principles of Social Education of Deaf and Dumb Children in Russia". *In*: *International Conference of the Education of the Deaf*, pp. 227-37. Londres, 1925.
"The Problem of the Cultural Development of the Child". *Journal of Genetic Psychology*, 1929, vol. 36, pp. 415-34.

"Thought in Schizophrenia". *Archives of Neurological Psychiatry*, 1934, vol. 31.
"Thought and Speech". *Psychiatry*, 1939, vol. 2, pp. 29-54. Rpt. *In*: S. Saporta (org.). *Psycholinguistics: a Book of Readings*, pp. 509-37. Nova Iorque: Holt. Rinehart and Winston, 1961.
Thought and Language. Cambridge: MIT Press and Wiley, 1962 (originalmente publicado em russo, em 1934).
"Psychology and Localization of Functions". *Neuropsychology*, 1965, vol. 3, pp. 381-6 (originalmente publicado em russo, em 1934).
"Development of Higher Mental Functions". *In*: A. Leontiev, A. Luria e A. Smirnov (orgs.), *Psychological Research in the URSS*, vol. I, pp. 11-46. Progress Publishing, 1966 (edição abreviada).
"Play and its Role in the Mental Development of the Child". *Soviet Psychology*, 1967, vol. 3. (Edição em memória de Vigotski. Inclui prefácio de J. S. Bruner e artigos dos psicólogos soviéticos Luria, Davydov, El'konin, Gal'perin e Zaporozhets. Artigo baseado numa conferência de 1933.)
The Psychology of Art. Cambridge: MIT Press, 1971 (coletânea de artigos de crítica literária e artística de várias décadas).
"Spinoza's Theory of the Emotions in Light of Contemporary Psychoneurology". *Soviet Studies in Philosophy*, 1972, vol. 10, pp. 362-82.

7ª edição 2007 | 10ª reimpressão março de 2021
Papel Offset 75 g/m² | Impressão e acabamento Graphium